T0114161

SIMON &
SCHUSTER

LIBROS EN
ESPAÑOL

Libros en Español

publicado por simon & schuster
New York   London   Toronto   Sydney   Singapore

mueve | tus | cosas
y
cambia | tu | vida

Cómo el FENG SHUI
te puede traer amor, dinero, respeto y felicidad

por **karen rauch carter**

Ilustrado por KAREN RAUCH CARTER
y JEFF FESSLER

SIMON & SCHUSTER
LIBROS EN ESPAÑOL
Rockefeller Center
1230 Avenue of the Americas
New York, NY 10020

DESEÑO POR JUDITH STAGNITTO ABBATE/ABBATE DESIGN

Para la información con respecto a descuentos para la compra en grandes cantidades,
por favor ponerse en contacto con Simon & Schuster Special Sales:
1-800-456-6798 ó busines@simonandschuster.com

Hechos en los Estados Unidos de América

10   9   8   7   6   5   4   3   2   1

Datos de catalogación de la Biblioteca del Congreso:

Puede solicitarse información.

ISBN 0-7432-1095-6

reconocimientos

Les doy las gracias especialmente:

Al profesor Lin Yun, por toda su sabiduría

A Nate Batoon, quien ha sido lo suficientemente amable y generosa como para enseñarme acerca del feng shui y permitirme usar tantas de sus historias para este libro

A Bridget Skinner, Vicki Allinson y todos los otros miembros del Gremio de Feng Shui del Condado Orange, por su apoyo

A Obie Wade, por su infatigable apoyo y por nuestras conversaciones acerca de lo que es posible lograr

A Marcela Landres, por reconocer la necesidad de este tipo de libro sobre feng shui, y por su entusiasmo y conocimiento editorial

A Jeff Fessler, por ayudarme a ilustrar este libro y por compartir su talento humorístico

A Donna Allen, Erika y Alton Burkhalter, Nancy Finley, Alison y David Hahn, Annemarie Hall, Melissa Moore, Margaret Rauch, Nancie Vollmer y Rich Welt, quienes accedieron a leer y comentar borradores de este libro

A mi esposo, Steve Carter, quien me permitió un espacio en nuestra vida para llevar a cabo este empeño

Y, por último, a todas las personas cuyas vidas fueron transfor-
madas de formas tan fantásticas por el feng shui que se
convirtieron en historias de este libro

Para mi hijo, Cole,
mi distracción favorita mientras escribía este libro

contenido

Capítulo 3: Yo les gusto, de verdad, de verdad que les gusto — Fama y Reputación   69

Capítulo 6: 911 — Personas Serviciales y Viajes   137

cómo usar este libro

La mejor manera de leer este libro es con papel y lápiz en la mano. Como vas a tener que usar tus notas durante un tiempo, te sugeriría que usaras una de esas libretas de notas con páginas en blanco, pequeñas y bien encuadernadas, que se ven bien sobre tu mesita de noche o en un librero de tu casa.

Esta libreta de notas no sólo se convertirá en tu guía personal de feng shui hacia la felicidad y la realización personal; también servirá de relato escrito de tu "vieja vida", la de antes que conocieras y usaras los antiguos secretos chinos del feng shui.

Sé inquisitivo, pero también mantén un estado mental risueño cuando leas y sigas los consejos de este libro. Traté de escribir *Mueve tus cosas y cambia tu vida* de una manera ligera y humorística debido a que, para este trabajo, el amor y la risa tienen más poder de energía que la tristeza o la seriedad. En otras palabras, mueve tus cosas con una sonrisa y experimentarás resultados más rápidos.

Si no controlas tu actitud, ella te controlará a ti.

mueve | tus | cosas
y
cambia | tu | vida

capítulo 1

Abriendo la caja de herramientas del feng shui

Si quieres crear un helado *sundae* que vuelva loca a Jenny Craig, necesitas algunas herramientas: tazón, cuchara, helado de sabor Chunky Monkey, de Ben & Jerry, y topes repletos de calorías. Si quieres crear una vida que valga la pena vivirse, también necesitas algunas herramientas: un medio ambiente habitable, una idea de qué es lo que deseas de la vida, buenas intenciones y entender los antiguos secretos chinos del feng shui (en español, pronúncialo como si se escribiera "feng chui"). Traducido, esto significa "viento y agua".

Feng shui es sólo un término tomado del chino. Como ellos han perfeccionado este arte a través de los siglos, honrémoslos manteniendo su nombre. Pero no pienses en esto solamente como sabiduría local china: considéralo como sentido común universal. Todo el mundo, independientemente de su cultura o creencia, ha utilizado algún sistema para arreglar con cierta consideración el ambiente en que vive y sus muebles. La organización sencilla del espacio es algo completamente natural en la mayoría de los seres humanos. Pero cuando las cosas se complican con aparatos como computadoras, microondas y vehículos todoterreno, a menudo se cometen errores.

El auténtico feng shui consiste en arreglar conscientemente las cosas que te rodean para lograr resultados positivos. ¿Qué cosas?, preguntas. Todas las cosas: tus posesiones materiales, el escritorio en el que trabajas, tu cepillo de dientes, tu ropa interior. De igual manera que ese helado de Chunky Monkey afecta tu cuerpo cuando lo comes, cada objeto que colocas en el ambiente en que vives también te afecta. Tú también influyes cada medio ambiente adonde llegas. ¿No sería agradable saber cómo sucede?

Este libro te dará esa respuesta. Considéralo como la guía de nutrición correcta para tu hogar.

Quiero enfatizar este elemento un poco más, ya que varios clientes y amigos me han preguntado si el feng shui es una religión. Otros me han preguntado si puede estar en conflicto con el grupo religioso al que pertenecen. Aunque no aseguro conocer los dogmas de todas las religiones, sí sé que el feng shui no pretende reemplazar o desafiar los valores religiosos ni las ideas de nadie. Es sencillamente un conjunto de información orientada hacia el medio ambiente, igual que un libro de recetas es un conjunto de información orientada hacia la comida.

Si aún estás dudoso acerca de esto, he aquí un rápido test para ayudarte a encontrar tu respuesta. Si el saber cómo la comida te afecta el cuerpo interfiere con tu religión, entonces, tal vez, saber cómo el feng shui te afecta, también lo hará. Bueno, ya está bien de esto. Vamos a seguir con nuestro asunto.

Todo aquello que esté hecho de materia en este universo tridimensional está colocado junto a otra cosa. Esta relación espacial es feng shui. Así que, realmente, el feng shui ha estado a tu alrededor desde que tú existes. Es acerca del *tipo* de feng shui que tienes alrededor de ti de lo que trata este libro. En lugar de pensar que nada es feng shui hasta que tú lo conviertas en feng shui, piensa en que todo siempre está en algún estado de feng shui, y que tú lo vas a transformar para hacerlo mejor.

Para todos aquéllos que tienen una mente científica, yo le pregunté a Barry Gordon, un físico y también practicante del feng shui, que explicara brevemente, desde una perspectiva científica, cómo y por qué el feng shui funciona. Él ve el feng shui como "el uso inteligente de una intención a través de una metáfora medioambiental". Más detalladamente, él señala:

Si aceptamos el mensaje de la mecánica cuántica y de los grandes maestros espirituales, entonces cada partícula de nuestro universo afecta a todas las otras. Desde este punto de vista, no hay interior ni exterior. Todo está contenido en la conciencia, la cual no tiene fronteras. Por ello la colocación de tu cama tiene significado con relación al resto de tu experiencia. La cama es una representación de tus creencias y emociones en la dimensión física, las cuales se manifiestan de manera diferente, y aparentemente desconectadas de ti, en otras dimensiones. Cuando se mueve tu cama con intención, las dimensiones de creencia y emoción también se mueven.

Leibniz, el gran científico y matemático del siglo XVIII, descubrió que los fotones, las partículas básicas de la luz, muestran intención y propósito. Si consideramos que la luz constituye toda la gama de la vibración, y no solamente la luz que se ve, entonces todo está compuesto de fotones. Esto significa que el universo tiene una intención. Y como nos han dado la habilidad de tener intención, somos cocreadores del universo que experimentamos individualmente.

Toda cosa, hasta la puerta del frente que no se abre hasta atrás, tiene significado. Toda cosa, toda acción tiene una intención, a veces consciente, a veces inconsciente. El feng shui lleva lo inconsciente de nuestro medio ambiente de vuelta a lo consciente. Eso lleva las creencias y los sentimientos de vuelta a lo consciente. Entonces tenemos capacidad de elegir y podemos crear nuestro universo conscientemente.

No sé tú, pero ésa es toda la ciencia y mecánica cuántica que yo puedo digerir de una vez. Tal vez quieras regresar a esta cita después de leer el libro para ver si tiene más sentido para ti. Ahora, volvamos a tratar de cambiar tu vida . . .

Considera este capítulo como la caja de herramientas del feng shui. No es exactamente el tipo de caja de herramientas con la que anda Bob Villa, pero es tan importante como ésa. Explica los puntos básicos del feng shui: exactamente lo que tú necesitas saber para hacer que tus sueños se hagan realidad. Y no te preocupes si te mareas un poco en este capítulo. Hay libros enteros sobre el feng shui que intentan explicar la información que te estoy echando arriba en el Capítulo I. A medida que se desarrolle el resto del libro, esta información se repetirá de diferentes maneras, lo cual te da varias oportunidades de absorber la sabiduría específica que tiene que ver con tu vida y tu hogar.

Tampoco te saltes el resto de este capítulo. Aunque puede parecer tentador saltar hasta los capítulos de Prosperidad o Relaciones, no te lo recomendaría. No te comerías un *sundae* sin los utensilios correctos (en realidad, podrías pasarle la lengua al helado directamente en la caja, pero eso luce patético). Así que no trates de usar el feng shui sin las herramientas correctas.

¡Ch'i que lo sabe todo!

Ch'i es otra palabra para energía. Energía es lo que se mueve alrededor cuando aplicas las reglas de este libro a tu medio ambiente. Al mover de lugar la energía con curaciones, puedes mejorar tu vida (*curación* es sólo otra palabra para equilibrio). Tú curas —equilibras o realzas— algo al colocar específicamente un objeto en algún lugar para que te ayude en la vida. Si no corriges con curaciones la mala colocación de los objetos, gastas tu propia energía en hacer que las cosas buenas sucedan en tu vida. Pero, ¿por qué malgastar tu propia energía cuando puedes lograr que una lámpara o un espejo hagan ese trabajo por ti? Ventaja adicional: los objetos inanimados no se quejan acerca de a quién le toca gastar energía.

¿Qué es un bagua?

Todo lo que sucede en la vida puede reducirse a y colocarse dentro de nueve categorías, o situaciones de vida. Estas categorías son representadas espacialmente por áreas del sitio donde habitas. Cada área se llama *gua*. La suma de estos guas, puestos en un orden específico, se llama *bagua*. El *ba* de *bagua* significa "ocho", y el bagua tiene ocho lados (Ilustración 1, página 26). Los ocho lados, más el medio, constituyen las nueve zonas que se relacionan con las diferentes situaciones de Vida (Ilustración 2, página 26).

Las siguientes son las situaciones de Vida específicas asociadas con las nueve zonas que constituyen el bagua.

Prosperidad

Esta área se relaciona con la riqueza: tener dinero para las cosas buenas de la vida (no para las necesidades de la vida como las cuentas de comida, alquiler y teléfono). Este gua es considerado un rincón de poder por muchos, porque el dinero es visto como poder, y el poder puede conseguirte lo que deseas. Piensa en Bill Gates, Donald Trump y la persona que inventó el velcro. Si lo que estás buscando es mucho dinero, trabaja sobre la esquina de Prosperidad.

Fama y Reputación

Ésta es el área en el hogar que te apoya como persona en el mundo exterior. Tiene que ver con la manera en que eres percibido por los demás, lo que es muy importante cuando se trata de asuntos como dónde y cómo puedes conseguir el dinero y las relaciones. También tiene que ver con tu propia integridad y honestidad, lo cual es muy importante en lo que se refiere a cosas como el matrimonio y las relaciones. Así que, si eres un pesado, o al menos si la gente piensa que lo eres, no te desesperes. El área de Fama y Reputación puede ayudarte.

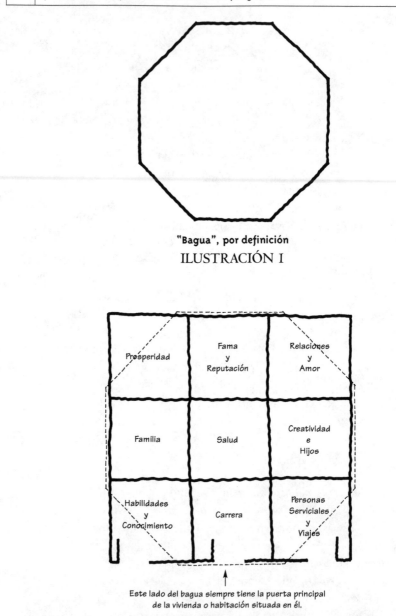

"Bagua", por definición

ILUSTRACIÓN I

Este lado del bagua siempre tiene la puerta principal
de la vivienda o habitación situada en él.

Bagua simplificado que muestra las situaciones de vida asociadas

ILUSTRACIÓN 2

Relaciones y Amor

Si estás buscando una relación, tratando de mejorar una que ya existe o, sencillamente, buscando divertirte de lo lindo, no sigas buscando. Es vital que esta parte de tu hogar esté equilibrada para que haya armonía en las relaciones de todos tipos. Así que, antes de darte por vencida y decidas meterte a un convento de clausura o, si eres hombre, a unirte a un grupo de monjes que cantan en coro, inspecciona esta esquina.

Creatividad e Hijos

Esta sección del hogar está relacionada con el pensamiento creativo. Podrías considerar comenzar con esta área, de forma que puedas inventar curaciones creativas para el resto de tu hogar. Este local también está asociado con los niños, ya que los niños por lo general piensan de manera creativa (como cuando descubren cómo meter una tarta de dulce en la unidad de discos de la computadora). Todo lo que tenga que ver con niños —los tuyos, los que no son tuyos, tus hermanos, tus hijos futuros—, éste es el sitio para trabajar con ellos.

Personas Serviciales y Viajes

Esta parte del hogar está especialmente situada para recurrir a alguien que hace tu vida más fácil (un maestro complaciente, un comprensivo agente del IRS, un mesero eficiente, la señora que te limpia la casa, un vendedor de autos honesto, un colega de trabajo). Tal vez es alguien que conoces, o quizás la ayuda parezca salir de la nada. Y, naturalmente, a veces es un ángel del "otro lado" quien ayuda. Esta área también tiene que ver con ser tratado justa y honestamente. Además, si quisieras viajar más o menos, o cambiar de ambiente en el futuro, esta sección también influye en propiciar estas situaciones.

Sendero de Carrera y de Vida

Esta área del hogar está ligada a lo que se supone que hagas en la vida, sea lo que sea. Ya sea un negocio del tipo más materialista, recorrer un camino más espiritual, o vivir de los demás de una manera creativa, esta área del hogar está dedicada a situarte en el camino correcto de la vida.

Habilidades y Conocimiento

Esta parte de tu hogar afecta la forma en que aprendes, almacenas y usas el conocimiento. Aunque la energía de cada gua afectará a los otros ocho, éste en especial es digno de atención. Por ejemplo, si no tienes cabeza para administrar el dinero que ganas, podría parecer, erróneamente, que tu sección de Prosperidad no está trabajando en tu beneficio.

Si estás asistiendo a la escuela, ésta es el área que hay que realzar, sobre todo si crees que el estudio serio consiste es calcular la propina que tienes que darle al cantinero por la última jarra de cerveza.

Familia

Esta sección está relacionada con asuntos de familia. Los conductores de esos espacios de televisión de invitados donde los miembros de las familias se insultan entre sí, no tendrían trabajo si todo el mundo prestara atención a esta área. También contiene la energía necesaria para las actividades diarias: pagar el alquiler, la comida y otras necesidades de la vida (chocolate, barritas de ungüento para proteger los labios, vaporeras de bambú). Así que, si no tienes esta área en orden, puede que tu prosperidad (tu actividad más importante) nunca alcance todo su potencial.

Salud y otros temas

El centro del bagua contiene todas las otras situaciones de la vida que no se mencionaron antes. También tiene un impacto sobre la salud. Como esta área está situada en el medio del hogar, toca geográficamente todas las otras áreas, y puede, literal y figurativamente, afectarlas por su asociación con todas las otras áreas. Como dicen, sin salud, no tienes nada (excepto las facturas del médico y muchos medicamentos que, obviamente, no están haciendo efecto).

Dedica un momento a volver a dibujar la ilustración simplificada del bagua (con las nueve situaciones de Vida dentro de los compartimentos) en tu libreta de notas. Probablemente querrás referirte a esta ilustración a menudo mientras sigues leyendo, y puede que sea más fácil si la tienes a mano en tu libreta de notas.

Aunque discutiremos esta información con detenimiento en este capítulo, por favor, fíjate en las puertas en la ilustración. La ubicación de la puerta principal tiene un papel específico en la orientación del bagua en una habitación o en el hogar.

| Curaciones, curaciones y más curaciones |

De igual manera que te comes una hamburguesa grande y jugosa de Wendy's para curar las consecuencias de una borrachera, en el feng shui *aplicas curaciones* para obtener de la vida lo que deseas. Recuerda, ése es el término elegante para añadir o mover cosas alrededor de las áreas donde vives para equilibrarlas. Hay nueve categorías de curaciones feng shui tradicionales (¿has notado una fijación con el número nueve? Es un número poderoso en el feng shui). Estas curaciones han sido usadas durante miles de años para ayudar a resolver problemas . . . ¡y se dice que el feng shui es una nueva tendencia! Casi sin excepción, puedes añadir cualesquiera de estas curaciones a un espacio para ayudar a cambiar su energía y así mejorarlo. He aquí las nueve categorías de curaciones tradicionales.

Luz

Al añadir luz a un área específica, se activa la energía y ella, finalmente, promoverá el cambio. La luz puede provenir de velas, luces eléctricas, lámparas de aceite, fuegos (cabe esperar que estén limitados dentro de una chimenea o un pabilo), lámparas de lava o tu viejo quinqué. Esta categoría también incluye la luz reflejada por espejos, cristales u objetos relucientes (la hoja de aluminio que cubre tu emparedado o el cromo de tu tostadora de estilo retro).

Sonido

Añadir un sonido agradable a un espacio puede crear un cambio en la vibración de la energía y realzar tu vivienda. Sonidos amenos, como el del agua que corre, música, pájaros cantores, grillos que chirrían, repiques de campanas, campanillas y otros instrumentos musicales pueden realzar la energía del espacio. Inodoros que descargan, eructos y el gorgoteo de trituradoras de alimentos por lo general no cuentan.

Cosas vivientes

Desde los peces hasta los flamencos, los animales no sólo son muy buenas mascotas, sino que también realzan muchísimo la energía de un sitio poco animado. Tan sólo asegúrate de que estos compañeros no humanos estén limpios, bien cuidados y saludables. Una jaulita con una esterilla llena de porquería de hámster no sólo refleja energía negativa, sino que también hace que tu casa huela como la maloliente tienda de animalitos en el centro de ventas. Las plantas también están llenas de energía, siempre y cuando estén vivas. Un poquito de agua y de abono pueden hacer mucho para lograr que se realicen tus sueños de feng shui.

Peso

Los artículos que pesan mucho, o los símbolos de cosas que son pesadas, se usan en feng shui para llevar a tierra un espacio. La afirmación en tierra es necesaria cuando vives por encima del primer piso o si siempre tienes la cabeza por las nubes. Las estatuillas de elefantes y las piedras grandes pueden funcionar. Si bien una foto de los actores gordos John Candy o Chris Farley funciona, sería de mal gusto.

Color

Cada área del hogar corresponde a un color específico. Usar los colores correctos en el área adecuada se refleja de manera positiva sobre la persona que vive allí. Puede ser algo tan obvio como paredes pintadas, o tan sutil como papel de color colocado detrás de un sofá; con tal de que el color esté ahí, te dará resultados. Las manchas de comida de diversos colores sobre la tapicería o la alfombra no cumplen estos requisitos.

Objetos que se mueven

Los objetos que se mueven parece que están vivos y, por tanto, son capaces de darle una enorme energía a un espacio. Móviles, campanillas, agua, alas de mariposa, abanicos y cortinas que flotan con la brisa son algunas de las muchas cosas que poseen estas buenas cualidades. Técnicamente, las cucarachas que se escabullen tienen estas cualidades, pero por lo general resultan una molestia en las cenas y hacen que los invitados gasten todas sus energías huyendo de ellas.

Energía eléctrica

Tu televisor, tu computadora, tu reloj de alarma, tu vibrador y tu pelador automático de patatas están cargados de electricidad.

Así que trata de que ellos y todos tus otros aparatos eléctricos trabajen en tu beneficio colocándolos en sitios apropiados del hogar. Pero ten cuidado cuando planees la colocación de los vibradores u otros juguetes sexuales (ver Capítulo 4).

Objetos simbólicos

Esta categoría incluye colocar con toda intención en el hogar artículos que tienen un significado simbólico con el objetivo de cambiar la energía. Un ejemplo de curación tradicional simbólica es la flauta de bambú. Las flautas pueden usarse como un estimulador y realzador de ch'i en ciertas circunstancias. En un momento determinado, fueron un símbolo de la llegada de buenas noticias. El equivalente de hoy día podrían ser cosas como campanas de iglesias, una trompeta, una invitación de boda, o el timbre de una puerta. Aunque las flautas de bambú por lo general no van con la decoración occidental, siéntete libre de usarlas en ambientes donde te sientas cómodo. O si deseas engañar a tus invitados haciéndoles creer que eres un excelente músico de flautas de bambú, déjalas puestas en lugares donde se destaquen.

Otras

Esta categoría tiene el potencial de ser la más poderosa, aún más que la Mujer Maravilla y Madonna combinadas. Es la categoría de curaciones que comprende todas las otras posibilidades para crear un medio ambiente que te haga crecer. Las curaciones de esta categoría deben ser personalizadas y tener un gran significado para ti, ya sea simbólica o literalmente. *Mueve tus cosas y cambia tu vida* se concentra en esta categoría y explora algunas situaciones y curaciones únicas. Tú puedes seguir el ejemplo de algo que otra persona ya haya hecho antes, o rebelarte y seguir tus sentimientos, haciendo algo que es muy personal. Después de leer este libro, sabrás la diferencia y te darás cuenta del poder que hay en ambas opciones.

| Tanto que hacer y tan poco tiempo |

¿Estás listo para empezar? Entonces, el primer paso es decidir cuáles guas tienen la mayor prioridad.

Para obtener un buen indicador de qué es lo que más trabajo necesita en tu hogar, evalúa honestamente qué está pasando en tu vida, y en la vida de aquéllos que viven contigo. Tu medio ambiente es lo que te da apoyo, ya sea poco o mucho. De cualquier forma, eso sin duda afecta. Idealmente, todos los que viven en tu hogar deben estar involucrados en el proceso, pero si eso no es posible, sencillamente manténte consciente de ellos a medida que avanzas. Puede que se burlen de ti por colocar objetos raros detrás del sofá o del microondas, pero te prometo que quien reirá último serás tú.

| El desafío de la verdad |

Hay un ejercicio para ayudarte a evaluar tu vida y guiarte hacia donde podrías enfocar tu energía de feng shui.

Saca tu libreta de notas y comienza a pensar acerca de tu vida.

¿Estás satisfecho con tu carrera? ¿Es ese puesto de subadministrador en la Tienda de Vídeos y Carnadas de Beauford lo bastante desafiante y estimulante para ti? ¿Te alcanza apenas para pagar el alquiler cada mes? ¿Escuchaste alguna vez las palabras *cuenta de ahorros*? ¿Tu vida amorosa es una rutina de salidas con diferentes personas o tienes un matrimonio aburrido?

Escribe en tu libreta de notas cualquier cosa que te esté molestando o que se interponga entre tú y la verdadera felicidad. Al cabo, las categorías se harán claras, así que no te preocupes por eso ahora. Sigue escribiendo, y está seguro de que más adelante recibirán atención durante este proceso.

Si te resulta difícil ser minucioso, lleva siempre contigo papel y pluma (pero sin protector de bolsillo, por favor). Cada vez que *cualquier* cosa te moleste, y cuando te suene en la cabeza una queja de algún tipo, escríbela. Puede ser tan sencilla como "Me duele la barriga", o tan compleja como "Mi novia o novio jamás me escucha". Aún si repites las cosas, escribe siempre la queja. Puede que notes un patrón de quejas o una queja repetitiva que tú ni siquiera sabías que tenías. El siguiente cuestionario puede ayudarte a comenzar a descubrir algunas de tus quejas.

Senda de Carrera y de Vida

¿Te sientes satisfecho con tu carrera actual? Si no, ¿qué tiene esa carrera que no llega a ser perfecta? ¿Gente? ¿Dinero? ¿Tipo de trabajo? ¿Ubicación? ¿Transporte? ¿Turnos de noche? ¿Estrés? ¿Un jefe lascivo? ¿El jefe no es lo bastante lascivo?

Habilidades y Conocimiento

¿Te sientes satisfecho con tu actual nivel de educación? ¿Estás pasando por un mal momento en la escuela? ¿Parece que tomas malas decisiones constantemente y que te gustaría ser más listo? ¿Quieres cambiar de carrera, pero no tienes los conocimientos para llevar a cabo tu sueño? ¿Te sientes como un idiota cuando ves la sección de preguntas de *Sábado Gigante*? ¿Te enteras de las noticias más importantes en *El Gordo y la Flaca*?

Familia

¿Tienes una buena relación con tu familia? ¿Quieres que te traten como un miembro de la familia incluso si no tienes relaciones consanguíneas con los demás? ¿Quieres tener tu propia familia? ¿Te es difícil ganar lo suficiente para cubrir las necesidades básicas? ¿Alguna vez ha servido tu familia de base para hacer una sesión especial postescolar?

Prosperidad

¿Te gusta vivir de cheque a cheque de salario? ¿Ansías tener un objeto material, pero lo que principalmente te impide tenerlo es la falta de dinero? ¿Ganas bastante, pero se te va tan rápido como te viene? ¿Comprarías un par de zapatos de la marca Salvatore Ferragamo en lugar de los suministros de víveres de un mes?

Fama y Reputación

¿Parece que la gente está hablando mal de ti en público, perjudicando tu carrera, a tu familia o tus sentimientos? ¿Quieres tener el valor de hacer algo que parece que no puedes decidirte a hacer? ¿Te detiene el temor de realizar tus sueños y ser feliz? ¿Has recibido una llamada de alguien que se encontró tu número de teléfono en la pared de un servicio público?

Relaciones y Amor

¿Estás satisfecho y realizado con tus actuales relaciones (familia, cónyuge, asociados de negocios, hijos, amigos)? ¿Te sientes agotado por culpa de tus relaciones con ciertas personas? ¿Quisieras tener una relación firme, pero parece que no logras encontrar a la persona adecuada? ¿Necesitas un exorcista para alejar a las parejas que atraes?

Creatividad y Niños

¿Te está siendo difícil tener hijos? ¿Tienes problemas con tus hijos? ¿Tus hijos están abandonando el hogar demasiado temprano o demasiado tarde? ¿Quisieras ser más creativo? ¿Te "quemaste" o te aburres en tu trabajo, con tu afición o con tu vida? ¿Te sientes limitado, como si no hubiera oportunidades? ¿Cambiar de champú constituye la cosa más creativa que has hecho últimamente?

Personas Serviciales y Viajes

¿Siempre lo haces tú todo? ¿Pasas trabajo para encontrar a la persona adecuada para que te ayude con tareas como cuidar a los niños mientras sales, hacer arreglos en la casa, tener una guía espiritual, tratar asuntos de salud, desarrollar aventuras empresariales? ¿Te gustaría viajar menos o no viajar tanto? ¿Con frecuencia te toman el pelo o te toman por tonto? ¿Tienes permanentemente pegado a la espalda un letrero que dice *Pégame*?

Salud y otros temas

¿Tienes quejas acerca de tu actual estado de salud o de la salud de alguien con quien estás viviendo en tu hogar? ¿Comes y bebes golosinas poco nutritivas y nada saludables mientras pedaleas en la bicicleta de ejercicios? ¿Parece que siempre eres la primera persona que se contagia con el último tipo de catarro que anda por ahí? ¿Crees que deberías ser feliz, pero no puedes encontrar en ningún lugar aquello que te hace feliz? ¿Tu segundo nombre es Desorden o Rata de Mochila? ¿Tienes cualesquiera otras quejas que no parecen entrar en ninguna de las anteriores categorías?

Además, haz un inventario de lo que *sí* está funcionando. Obtén una visión total. Es posible que te encuentres en tu hogar las cosas puestas en el lugar que les corresponde. Refiérete de nuevo a esta lista más tarde para ver si tu feng shui te está resultando útil. A veces un cambio puede pasar inadvertido debido a que algunas personas tienen la tendencia de olvidar las malas épocas. Mantén notas minuciosas sobre cómo están las cosas al principio, de manera que puedas reírte de esos malos tiempos cuando hayan pasado.

Cuando ya te sientas cómodo con tus listas, puede que quieras darle prioridad a los renglones en la lista de "Lo que no está funcionando", comenzando con aquéllos que sientes que necesitan ser equilibrados de inmediato (por ejemplo, "Quiero una buena relación"), y terminando con aquellos renglones que son menos importantes (tales como "Quiero zapatos mejores"). Esto te ayudará a escoger cuáles asuntos implementar ahora y cuáles luego, si hay preocupaciones respecto al costo.

Haz una lista en tu libreta de notas de las nueve situaciones de Vida y, luego, coloca cada queja del inventario de la vida en una de las nueve categorías. Las nueve áreas, de nuevo, son (1) Prosperidad, (2) Fama y Reputación, (3) Relaciones y Amor, (4) Creatividad y Niños, (5) Personas Serviciales y Viajes, (6) Carrera, (7) Habilidades y Conocimiento, (8) Familia y (9) Salud y otros temas.

A veces un problema cae en varias categorías. Por ejemplo, si estás teniendo problemas en la escuela, tal vez quisieras colocar esa queja tanto en el área de Habilidades y Conocimiento, por razones obvias, como en la de Personas Serviciales por los tutores, maestros razonables, amigos listos y los folletos con notas para estudiar. Cada gua podría tener en él una queja, o quizás sólo unos cuantos la tengan. La lista se convierte ahora en una referencia fácil que señala los sitios problemáticos de tu hogar.

Este ejercicio debería darte un sentido de poder, ya que ahora tienes escritas en un solo lugar todas las cosas que quieres cambiar en tu vida. ¡Ya es hora de convertir estas desgracias en buena suerte!

> El solo hecho de que hayas puesto energía en evaluar cuidadosamente tu vida y en escribir esta lista comenzará a provocar inmediatamente cambios positivos. Así que, ¡felicidades! Ya has comenzado el proceso.

| Oh, Bagua |

Como ya descubriste anteriormente, cada gua está asociado con una situación de la vida. Pero eso no es todo: cada gua también tiene asociados con él colores, formas, símbolos, partes del cuerpo y otras cosas por el estilo. De las nueve áreas de baguas, cinco tienen elementos asignados a ellas. Estudia la tabla de las páginas 40–41 durante un minuto para aprender qué símbolos y elementos están asociados con cada uno de los nueve guas.

Sé que aún no has aprendido lo que significa la mayoría de estas cosas, pero quería que supieras ahora que hay una hoja de apuntes incluida en este libro donde se muestra la esencia de la información de *Mueve tus cosas y cambia tu vida* (¡yo creo que cada libro debería tener una!). Úsala como una referencia rápida cuando apliques las curaciones más tarde, o para desplegar datos curiosos con los cuales asombres a tus amigos. Ahora puede que te parezca técnica y monótona, pero creo que después vas a apreciar su sencillez.

Dedica un momento a colorear cada uno de los nueve guas de la ilustración del bagua de tu libreta de notas, si así lo deseas. Usa el primer color de la lista para cada gua en la tabla (por ejemplo, Prosperidad es morado y Relaciones es rosado). El resto de esta información puede también ser transferida, pero no es absolutamente necesario. Sencillamente, mantén a mano esta breve hoja de apuntes como una referencia después de haber leído el libro.

El ciclo de la vida y de tu hogar

Si alguna vez has jugado a "piedras, papel, tijeras", entenderás fácilmente lo que estoy a punto de explicar (y tú pensabas que los juegos eran para niños). Como puedes ver en la tabla, los cinco elementos usados en feng shui son madera, tierra, metal, fuego y agua. Cuando estos cinco están en equilibrio en tu hogar, tienes mejor equilibrio en tu vida y una mejor oportunidad de obtener lo que deseas en la vida.

Así tu hogar está trabajando para ti, y no al contrario. La forma de utilizar estos elementos es colocarlos en el área apropiada del hogar y dándoles la intención de que funcionen en pos de tu causa específica. No te preocupes, a ellos no les importa. Les gusta trabajar.

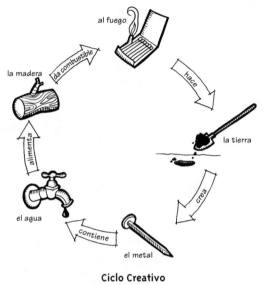

Ciclo Creativo
ILUSTRACIÓN 3

Así como se ubica sencillamente el elemento asociado en el sitio apropiado del hogar, hay dos medios adicionales de usar los elementos. Estos dos medios son el Ciclo Creativo y el Ciclo Destructivo. En el orden del Ciclo Creativo, un elemento particular crea al otro: el agua *alimenta*, o crea, la madera. En el orden del Ciclo Destructivo, un elemento domina al otro: el agua *apaga*, o destruye, el fuego.

Ahora, comencemos a aplicar esto. En el Ciclo Creativo, el agua alimenta la madera, la madera da combustible al fuego, el fuego hace la tierra, la tierra crea el metal y, finalmente, el metal contiene el agua (Ilustración 3).

Por tanto (para dar un ejemplo), si quieres trabajar para tener una reputación mejor, sería una buena curación poner una chimenea en el gua de Fama y Reputación, ya que el fuego es el elemento para Fama y Reputación. Otras curaciones de fuego serían objetos rojos, artículos como velas, objetos triangulares y todas esas cajas de fósforos de madera que te has llevado de los restaurantes.

Situación de vida (área de bagua)	Elemento	Colores	Formas
Prosperidad / Abundancia		Violeta, verde, oro y rojo	
Fama / Reputación	Fuego	Rojo	Triangular Puntiaguda
Relación / Matrimonio / Amor		Rosado, rojo y blanco	
Creatividad / Niños	Metal	Blanco	Redonda Amontonada
Personas Serviciales / Viajes		Gris, negro y blanco	
Senda de carrera / Vida	Agua	Negro	Ondulada Forma libre
Habilidades y Conocimiento / Sabiduría		Azul, negro y verde	
Familia	Madera	Verde	Rectangular Columnar Vertical
Salud y todas las otras situaciones (centro)	Tierra	Amarillo y tonos tierra	Cuadrada Horizontal Plana

Renglones del Ciclo Creativo	Renglones del Ciclo Destructivo	Parte del cuerpo	Número asociado
		Cadera	8
Madera Verde Columnar	Agua Negro Ondulado	Ojo	I
		Todos los órganos importantes del cuerpo	2
Tierra Amarillo Plano o cuadrado	Fuego Rojo Puntiagudo	Boca	3
		Cabeza	5
Metal Blanco Redondo	Tierra Amarillo Plano o cuadrado	Oreja	6
		Mano	7
Agua Negro Ondulado	Metal Blanco Redondo	Pie	4
Fuego Rojo Puntiagudo	Madera Verde Columnar	Otras partes del cuerpo no mencionadas antes	9

Si no es práctico ni deseable tener allí una chimenea ni ningunos otros símbolos de fuego, puedes usar el elemento en el Ciclo Creativo que *alimenta* el fuego: la madera. Usa la madera misma, como muebles o marcos de cuadros, o un símbolo de la madera, como una imagen de un bosque o de los dientes de George Washington. Así que recuerda: si no quieres colocar objetos en el espacio que se relaciona directamente con su elemento, trata de colocar allí el elemento que lo crea.

Ahora, digamos (por ejemplo) que adoras las paredes blancas, las alfombras blancas y los muebles blancos de tu hogar, y quieres mantenerlo todo de esa forma. Desde el punto de vista del feng shui, esto sería considerado muy *metal* (lo cual probablemente convendría a los fanáticos del grupo musical Metallica). ¿Por qué? Pues porque el blanco se asocia con el gua de Creatividad, el cual tiene el metal como su elemento (de nuevo, busca en la tabla). Esto causaría un desequilibrio de energías. Para poder crear una situación más armoniosa, podrías usar el Ciclo Destructivo para equilibrar el espacio. No considere la palabra *destructivo* como algo malo (ésa es solamente una antigua percepción). Sencillamente, piensa en ella como en otro posible modo de entender y equilibrar los elementos.

En el Ciclo Destructivo, el agua apaga el fuego, el fuego derrite el metal, el metal corta la madera, la madera perfora la tierra y la tierra contiene el agua (Ilustración 4).

En el ejemplo anterior de la casa de paredes blancas, usarías símbolos del elemento fuego debido a que, como puedes ver en el Ciclo Destructivo, el fuego *derrite* el metal, lo cual reduciría la energía de tanto metal concentrado en un sitio. Una chimenea o muchas velas comenzarían a reducir el impacto del metal. Si no

No existe tal cosa como *esconderse* en feng shui. Por suerte y por desgracia, funciona en ambos sentidos. De igual forma que los objetos que no se ven trabajan para tu beneficio en el feng shui, elementos como el desorden, el polvo y la suciedad trabajan contra ti. Todo el espacio en que vives —sí, inclusive los recovecos llenos de restos de hojuelas de maíz— son parte de la vibración de energía de tu feng shui.

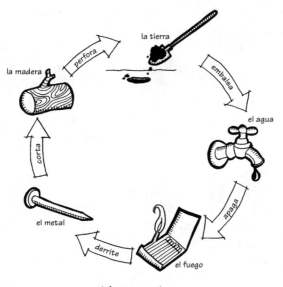

la tierra

la madera

perfora

embalsa

el agua

corta

el metal

apaga

derrite

el fuego

Ciclo Destructivo
ILUSTRACIÓN 4

quieres añadir matices rojos u otros símbolos de fuego en el espacio en consideración a la decoración, esconde los símbolos. Coloca tela o papel rojo detrás de los cuadros y debajo de los cojines del sofá (no olvides buscar allí monedas escondidas) para introducir el rojo en ese espacio. No tienes que verlo para que funcione. Las vibraciones de color no tienen barreras.

Si en estos momentos la cabeza está dándote vueltas tratando de entender todo este lío creativo y destructivo, no te preocupes. La información se repite de diversas formas a lo largo del libro. Pronto lo entenderás.

¿Perdido en el espacio?

Ya es hora de superponer el bagua sobre el plano de tu hogar. Puedes trabajar con un plano arquitectónico o un dibujo a mano de tu vivienda, o sencillamente pensar en las soluciones mientras caminas por tu hogar. La forma que te resulte más fácil para entender, será la mejor.

El objetivo es dividir tu hogar en nueve áreas iguales (no hace falta medir), como el bagua. Oriéntalas correctamente, colocando el borde de Habilidades y Conocimiento, Carrera y Personas Serviciales contra la pared donde está la puerta de entrada.

Algunas personas colocan fácilmente el bagua en el hogar. Pero para otras, la situación de su puerta de entrada es tan curiosa que les resulta difícil saber dónde comenzar. Cuando hablo de la puerta de entrada, me refiero a la puerta de toda la casa o un sólo cuarto dentro de la vivienda. El bagua se puede poner en ambos. Si vives en una habitación de estudiante, si alquilas una habitación o si vives en un apartamento, usa la puerta de entrada de tu unidad personal.

Si, por alguna razón, no puedes determinar cuál puerta es la verdadera puerta de entrada, trata de ponerte en contacto con tus sentimientos durante un instante y usa tu intuición para orientar el bagua. Camina hasta cada puerta, atraviésala como si fueras un invitado, o atraviésala con los ojos cerrados y siente si una de ellas te da una impresión mayor de ser la puerta formal del frente. O trata de percibir en qué sentido fluye la energía y hacia dónde parece que el bagua quiere orientarse.

Examina la Ilustración 5. En el Ejemplo 1, el dueño sintió que el bagua debía orientarse en sentido diferente al que le indicaba la puerta del frente, ya que él sabía que la puerta había sido construida dentro de un antiguo portal que había sido cubierto de paredes, y que la "verdadera" parte de la casa comenzaba cuando ya él había pasado por la puerta y girado a la derecha (la ubicación original de la puerta de entrada). Él sintió que la casa estaba organizada de esa forma. Usó el umbral original como la boca del ch'i. Como ves, también puso un acento en la sección de Familia. Para calcularlo, hay que medir. Si la parte que sobresale es menos de la mitad del largo de todo ese lado, eso es un acento. De igual forma, si una parte que se mete en tu vivienda es menos de la mitad del largo (revisa la sección de Relaciones en el Ejemplo 2), esto se considera como una pieza que falta.

Ejemplo 1

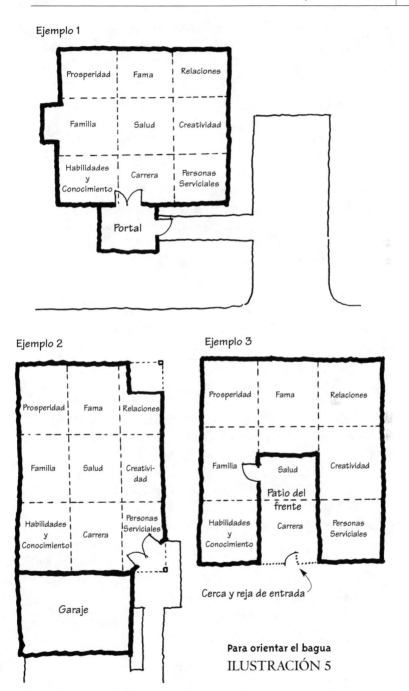

Ejemplo 2

Ejemplo 3

Cerca y reja de entrada

Para orientar el bagua
ILUSTRACIÓN 5

El dueño de la vivienda dibujada en el Ejemplo 3 sintió que el ch'i fluía hacia el hogar desde el frente hacia la parte trasera, y orientó el bagua en esa dirección. Con esta orientación, el gua de Relaciones y el gua de Personas Serviciales se encontraban en esa vivienda en una posición ligeramente comprometida.

El Ejemplo 3 muestra una cerca y una puerta de entrada no muy definidas al frente de la vivienda. Cuando uno ya había pasado por la reja de puerta doble, se sentía como si estuviera en el espacio privado de la casa. En este ejemplo, se podía considerar la reja como la boca del ch'i y decorar el patio del frente apropiadamente, como una habitación exterior perteneciente al gua de Carrera. Declara que tu hogar está alineado de una cierta forma y trabaja con eso.

Con una puerta con inclinación de 45 grados, trata de sentir intuitivamente el flujo del ch'i, y orienta el bagua, siguiendo ese sentimiento.

Recuerda: casi siempre la *puerta de entrada formal* (la que el arquitecto diseñó como la puerta del frente) es la *puerta principal* de la casa. Aun si siempre entraras a la casa por la puerta lateral del garaje, eso no la convertiría en la puerta de entrada . . . o, como la describen los chinos, la *boca del ch'i*.

Si has descubierto en qué sentido orientar el bagua, estás a mitad del camino. Ahora todo lo que tienes que hacer es recorrer el piso principal (aquel al cual te conduce la puerta del frente) y encontrar el espacio que representa cada gua. El sótano, el segundo y el tercer piso deben tomarse en consideración cuando se aplican principios de feng shui, pero el piso principal es el más importante. Si vives en un dúplex, trata de seguir intuitivamente la senda del ch'i y aplícale las curaciones al piso que tenga mayor apariencia de ser el piso principal del hogar.

¡Alerta a la policía de la panacea!

El feng shui puede funcionar para cualquiera . . . y trabajar rápidamente. Pero no se recomienda en absoluto usarlo como un sustituto de la toma de responsabilidad en tu propia vida. Tienes que hacer tu trabajo. La policía de la panacea del feng shui detectará a aquellos que piensan que pueden, sencillamente, usar el feng shui en lugar de dedicarse a tareas de la vida cotidiana como hacer los deberes de la escuela, poner al día la chequera o salir de debajo de las sábanas para buscarle un significado real a una relación. Si haces tu parte, el buen viejo señor Ch'i hará la suya.

Tienes las herramientas y no te da miedo usarlas

Ahora tienes las herramientas básicas que se necesitan para preparar tu feng shui. Aunque es preferible leer los Capítulos 2 al 11 en orden (sobre todo si eres un novato), puedes realmente leerlos en el orden que desees. Si todavía estás lleno de dudas —¿cómo funciona esto para mi casa de dos plantas? ¿qué papel juega mi garaje, que está separado? ¿qué quiere decir eso de seguir intuitivamente el sendero del ch'i para encontrar mi camino a través de la casa?—, ve inmediatamente al Capítulo 11. Encontrarás respuestas rápidas para éstas y otras preguntas. Si no, asegúrate de revisar el Capítulo 12 cuando termines con el resto del libro. Es un capítulo importante que ofrece formas adicionales de realzar el poder de tus curaciones de feng shui.

Si algo no está descompuesto, ni lo toques. Cuando estés usando el feng shui por primera vez, trata de concentrarte en solucionar los problemas que estés enfrentando actualmente en tu vida, reforzando aquellas áreas de baguas específicos y no haciendo cambios drásticos en todas las áreas. Hay bastante tiempo para refinar tu feng shui después que los primeros cambios comiencen a equilibrar tu vida.

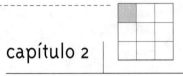

capítulo 2

¡Muéstrame el dinero! — Prosperidad

l uso adecuado de los antiguos secretos chinos en el área de Prosperidad de tu hogar podría crear los siguientes cambios en tu vida. Podrías:

- ⊙ conseguir un aumento
- ⊙ recibir dinero de forma inesperada
- ⊙ ganar más dinero con tu negocio
- ⊙ tener dinero para irte a unas vacaciones ideales
- ⊙ convertirte fácilmente en filántropo
- ⊙ adquirir un ingreso estable
- ⊙ aumentar la riqueza para disfrutar las cosas buenas de la vida
- ⊙ encontrar paz interior y verdadera felicidad con lo que tienes en la vida

Es cierto, hay algunos que nacen ricos y otros que no tienen qué comer. ¿Qué hay con eso? También hay algunos que se sacan mil dólares en la lotería y gritan: "¡Somos ricos!", y otros que consideran mil dólares como moneda suelta. ¿Por qué algunas personas se sienten ricas con diez dólares y otros se sienten pobres con millones? Respuesta: actitud, nene. La prosperidad es un estado mental. Dicho esto, vamos a tratar de llevarte a un sitio de prosperidad y abundancia.

La primera regla del universo es la de suministro interminable. Puedes tener todo lo que quieras sin tener que robárselo a otro (¿qué crees de eso, Robin Hood?). Sí, estoy diciendo que los demás pueden tener las cosas, y tú también. Si no tienes abundancia en todos los aspectos de tu vida, en algún punto del camino te has metido en un estado mental de *carencia*. Moviendo de lugar algunas cosas en la esquina de Prosperidad, puedes librarte lentamente de este falso estado mental y comenzar a vivir con abundancia. De ahora en adelante piensa en ti como en uno de los Jeffersons: *siempre hacia arriba.*

Nos caigamos en considerar solamente el dinero y el lado material de las cosas. La abundancia es posible en más áreas que ésas. Lograr un equilibrio de la abundancia es necesario en todos los aspectos de la vida. El refrán "el dinero no puede comprar la felicidad" resume a la perfección esa idea. Sí, el dinero hace la vida más fácil, y sí, estamos tratando de lograr eso con el feng shui, pero no pierdas de vista el cuadro general. Sentir que hay abundancia en tu vida te coloca en equilibrio con el universo y con lo que se supone que éste sea: abundancia como la del Jardín del Edén, digamos.

El primer paso hacia el jardín está, realmente, dentro de la vivienda. Desde la parte de adentro de la puerta del frente, camina hacia la esquina trasera izquierda de la habitación o de la vivienda. Mira la Ilustración 6 (Página 50). Cuando digo esquina, hablo de toda la novena parte del hogar que define el gua de Prosperidad, no sólo esa esquina específica. No hay necesidad de medidas exactas. Cada una de las nueve áreas se mezcla elegantemente con las otras como los colores de un arco iris.

¿Qué ves? ¿Un garaje manchado de grasa y lleno de trastos en desorden . . . o un gabinete decorado y repleto de ropa de cama lujosa? ¿Estás sorprendido de lo que encuentras cuando asocias esta esquina con abundancia? Una amiga mía —que durante mucho tiempo había tenido problemas financieros— se rió cuando vio que su esquina de Prosperidad era la esquina donde *siempre goteaba* cuando llovía. Y a ella, su dinero siempre se le estaba escapando como agua. A veces las respuestas del feng shui son muy directas.

Imagínate esto
como tu hogar en una
planta horizontal.

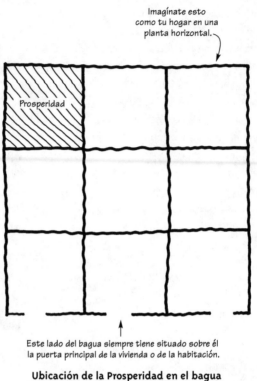

Este lado del bagua siempre tiene situado sobre él
la puerta principal de la vivienda o de la habitación.

Ubicación de la Prosperidad en el bagua

ILUSTRACIÓN 6

¿Está esta esquina fuera de la casa porque la forma del cuarto o de la vivienda fue diseñada para que esta pieza faltara (como en la Ilustración 7)? Si ésta o cualquier otra esquina de tu habitación o vivienda falta, complétala empleando una de las curaciones para las piezas faltantes (salta hasta el Capítulo 11 si quieres curaciones inmediatas para esta situación. Si no, anota que necesitas una aquí; sin duda más adelante aprenderás sobre esto).

Por ahora, supongamos que tienes una esquina completa y normal con la que trabajar. He aquí algunas de las mejores piezas para colocar en la esquina de Prosperidad. Usa una, todas, o tantas como vayan bien con tu decoración. "Si uno es bueno, más es mejor" no es necesariamente cierto cuando usas inten-

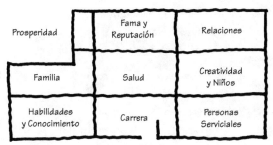

Prosperidad	Fama y Reputación	Relaciones
Familia	Salud	Creatividad y Niños
Habilidades y Conocimiento	Carrera	Personas Serviciales

Puerta principal

Plana horizontal de casa o apartamento donde faltan la mayor parte del gua de Prosperidad y parte del gua de Familia.

ILUSTRACIÓN 7

ción para crear poder de feng shui. (A medida que avancemos aprenderás más sobre cómo añadir poder de intención.)

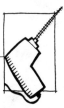

Herramientas poderosas para Prosperidad

Morado Morado es el mejor color para la esquina de Prosperidad. Coloca allí un buen trozo de amatista violeta, ¡y observa! Rescata y enciende esa lámpara violeta de cristal de lava y mira cómo el dinero comienza a borbotear y derramarse sobre tu vida. Es más, asegúrate de que el lugar del oso Barney esté en el rincón de Prosperidad del dormitorio de tu niño o niña.

Rojo El poderoso color del rojo puede añadir emoción y energía a casi cualquier cosa. Durante siglos los chinos y muchas otras culturas han creído que el rojo es un color muy poderoso. Debido a este patrón constante de pensamiento durante tanto

Tú puedes usar los colores de cada lado del gua de Prosperidad para alcanzar mayor poder. Por ejemplo, el verde y el rojo son buenos en el gua de Prosperidad debido a que son colores de las secciones vecinas de Familia y Fama.

tiempo, el rojo es ahora un color muy poderoso, con una fuerte presencia en el universo. Recuerda, la energía sigue al pensamiento. Así que mantén amarrado aquí al color rojo.

Verde   Cualquier cosa verde funcionará. Recuerda sólo esto: usa el verde para salir del rojo. He visto estadounidenses usar hojas grandes sin cortar de billetes reales de a dólar, colocadas en marcos, como su potente símbolo verde. Así que, si tus billetes son verdes, rojos o morados . . . ¡úsalos!

Oro   Por razones obvias, las cosas doradas realzan el área de la riqueza. Dale a tu esquina el toque de Midas. Usa un símbolo de tu herencia cultural, si lo deseas. Por ejemplo, si eres de origen irlandés, pon a trabajar eso de la "olla de oro", usando monedas de oro (de chocolate).

Símbolos que te recuerdan la riqueza y la abundancia   A algunas personas les resultan significativas las máquinas clasificadoras de monedas y las alcancías. Las frutas o los perfumes exóticos significan riqueza para otras.

Otra palabra para esta área del hogar es *bendiciones*. Éste es un excelente lugar para reconocer cómo ya has sido bendecido: tu cónyuge, otra casa, fotos de las vacaciones.

Coloca fotos de tu automóvil o de tu barco, tu casa, tus vacaciones, tu ropero ideales en este gua si es que pensar en ellos te hace sentir abundante. No olvides las cosas menos materialistas, como los hijos, los animales del hogar, los objetos religiosos. Coloca el objeto, su foto o su símbolo en esta esquina, de manera que cuando lo veas pienses en tu creciente abundancia.

Agua en movimiento   Haz que el dinero fluya poniendo el agua en movimiento, ya sean gusarapos en un vaso de agua o una cascada estrepitosa. Sencillamente, asegúrate de que el agua esté limpia y que no sea del inodoro. Y si no tienes tiempo, espacio o el dinero para tener verdadera agua en movimiento, bastará con la foto del géiser Ol'Faithful que aparece en el almanaque de los Parques Nacionales.

Si quieres mucho dinero para disfrutar las cosas buenas de la vida, la sección de Prosperidad de tu hogar es donde puedes obtenerlo. Por otra parte, si necesitas dinero para salir de una mala situación o para pagar tus deudas antes de dedicar algo a "la buena vida", asegúrate de ajustar también tu sección de Familia. La sección de Familia te ayudará a adquirir dinero básico para gastos de mantenimiento para que puedas, entonces, enfocarte en lo bueno (ver Capítulo 9).

Plantas de hojas redondeadas   Una planta de jade o una violeta africana —en verdad, casi cualquier planta— pondrá la energía a trabajar en tu beneficio. Sólo ten en cuenta que sean amistosas (no uses cactos espinosos) y saludables (no pongas hospitales para plantas en esta esquina).

Objetos en movimiento   Esta categoría tradicional de curaciones funciona bien aquí para hacer que el dinero se mueva a tu alrededor. Las decoraciones movidas por pilas pueden ser la respuesta perfecta para hacer que el universo tome en consideración tus necesidades.

Este es un buen momento para hacer una lista en tu libreta de notas de las herramientas de poder para Prosperidad que ya posees.

Materiales peligrosos para Prosperidad

He aquí ahora una lista de las cosas que hay que evitar, o lo que hay que contrapesar con una curación, en el gua de Prosperidad.

Suciedad y polvo   Ésta no es la manera de atraer "dinero de prestigio". Mantén esta esquina ordenada y limpia, aún si esta esquina cae en el garaje o en el cuarto de la ropa sucia.

Objetos rotos   Si hay algo quebrado, estás en quiebra.

Recordatorios de tiempos malos   Elimina la foto de tu época de estudiante que te trae recuerdos de cómo siempre tenías que donar sangre para comprar libros. Además, si los gabinetes de tu cocina o tu refrigerador están cerca de este sitio, asegúrate de que tu alacena no esté vacía. Si es así, he aquí algunas ideas: (1) Toma algunos billetes (reales o que parezcan de verdad), enróllalos y colócalos en el refrigerador o el congelador. Así, siempre tendrás "dinero frío" cada vez que lo necesites. (2) Compra algún artículo de lujo, como una botella de champán o un pomo de caviar, y ponlo en el refrigerador. ¡Nada dice "próspero" como un pomo de huevas de pescado o una bebida burbujeante! Pero, en serio, trata de almacenar un poco de comida.

Cestos de basura   Sencillamente, no los tengas.

Está bien, si tienes que tener uno en esa zona, usa uno con tapa. O coloca, con pintura, cinta adhesiva o pintura de uñas, una línea roja alrededor del borde del recipiente. Esto impedirá que tu ch'i termine en el basurero local.

Plantas marchitas   Menciono esto para enfatizar específicamente sobre las flores secas. Ellas no son bienvenidas aquí, ya que liberan energía muerta, algo inadecuado para las esquinas de Prosperidad.

Chimeneas   Una chimenea puede sugerir que tú quemas tu dinero, o que se te escapa como el humo. Si tienes aquí una chimenea, equilíbrala añadiendo agua, el color negro o un espejo sobre la repisa (en el feng shui, los espejos equivalen a agua). El agua se mezclará con el fuego y creará vapor. El vapor equivale a poder (pronto descubrirás, en capítulos subsiguientes, los muchos matices de usar un espejo sobre la chimenea).

Inodoros   Esperemos que no haya un inodoro en tu esquina de Prosperidad: más que cualquier otra cosa, esto puede chuparte y tragarse el dinero en efectivo de tu billetera. Si lo hay, trata de colocar en el baño artículos que realcen el ch'i. Usa la mayor cantidad posible de herramientas de poder de la lista anterior, sin atestar el espacio. Usa espejos por todo alrededor de la habitación, o por lo menos dos espejos frente a frente en el baño. O consigue algunos pequeños y colócalos sobre el piso detrás del inodoro, o en el tanque, o en la cómoda del baño, cerca de la esquina. Asegúrate de que todos estén mirando hacia arriba. Otro modo de lidiar con la situación es colocar cuadros llamativos en niveles elevados, de manera que todo el que entre al baño mire hacia arriba (si no hay señales de mejoría, puede que haya llegado el momento de llamar a un consultor profesional de feng shui).

Sobre los equipos de plomería: Mantén bajadas las tapas de los inodoros cuando no éstos no se estén usando. Tapa también los desaguaderos de los lavamanos, fregaderos y bañeras. Otro secreto para ahorrar ch'i es colocar una cinta de tela roja o una cinta adhesiva roja alrededor de los tubos de desagüe de tus cañerías (desagües de lavamanos, fregadero y bañera) para impedir que el ch'i se vaya por el desagüe (más sobre desagües en el Capítulo 6).

Usando la pobreza para llegar a la riqueza

¿Cómo usas la pobreza para llegar a la riqueza? Todo comienza con una evidente intención de recibir más dinero. Imagínatelo: *dinero,* una cantidad específica. Y no te quedes corto. Imagínate bastante como para cubrirlo todo. A mí me resulta útil escribir la cantidad; así que, adelante, agarra una pluma, anota una cantidad . . .

¿Qué te pasó por la mente mientras la escribías? ¿Dijiste: "Sí, seguro que sí", como si lo dudaras? ¿O te pusiste a soñar con todas las cosas que hacías y comprabas con el dinero? Bueno, yo puedo asegurarte que lo último tiene más poder de feng shui. Todo está *en la cabeza . . . y en los sentimientos.* Y colocar en el gua esta lista y las otras cosas listadas como herramientas de poder para Prosperidad, ayuda a que la cabeza recuerde lo que pediste. Así que, ¡mueve todo eso ahora!

¿Dónde comienzas? Primeramente, asegúrate de que el espacio esté limpio. Lo menos que necesitas en tu área de Prosperidad son telarañas y polvo. Si ese aparato de hacer ejercicio que se dobla para guardarlo está ahí, es hora de salir de él. No te convienen aquí los recordatorios de asuntos no concluidos. (Si juras que vas a volver a usarlo, por lo menos muévelo a la sección de Salud o de Creatividad.)

Luego, comienza a colocar las herramientas de poder. El color morado es el color que se asocia con el área de Prosperidad. Así que, mientras más morado puedas poner allí, mejor. ¡Tiñe las cortinas, cambia la ropa de cama, pinta las paredes, forra los gaveteros! Si se ve bien, hazlo. Usa trapitos de limpieza morados para limpiar la casa, para recordarte que estás manteniendo las cosas limpias para lograr abundancia. Si tu clóset está en esta esquina, comienza a usar más color morado y llena el clóset con ropa morada. Si tienes tu oficina allí, usa carpetas moradas en tus gavetas.

Recuerda, los ajustes del feng shui pueden funcionar donde nadie puede verlos. Si tu rincón de Prosperidad, que tiene morado, es sumamente fea, trata de encontrar un sitio donde esconder el color. Aunque estén escondidos, funcionan el papel morado de forrar en las gavetas, el papel morado de recortes detrás de los cuadros o debajo de los muebles y la pintura morada en un piso de concreto antes de que se instale la alfombra.

Usando la riqueza para salir de la pobreza

Después, coloca en el área algunos artículos que te hagan recordar la riqueza: monedas raras, una alcancía llena, las piezas de Boardwalk y Park Place del juego de Monopolio, imágenes de joyas. Sea como sea, crea el espacio para estos artículos y cuídalos de manera especial, porque ellos te están cuidando a ti.

A mi amiga Twila le encanta la joyería de calidad. Sirviéndose de su cajita de joyas ella creó un cofre de tesoros en su clóset de la esquina de Prosperidad. Puso las perlas y joyas de manera que siempre se desbordaran del cofrecito, y pretendía que todas eran verdaderas y de incalculable valor. Aunque yo siempre sugiero mantener las cosas organizadas y en orden, pensé que su cofre desbordante era un complemento perfecto para ella.

Dondequiera que se encuentre, la estufa siempre se considera un elemento de Prosperidad en el hogar. El número de hornillas también es importante: mientras más, mejor. La causa se remonta a la China: si puedes cocinar para muchas personas al mismo tiempo, debes tener el dinero para comprar mucha comida. Por tanto, mientras más hornillas, más riqueza debe haber en el hogar. Asegúrate de que todas las hornillas funcionen y que la estufa siempre se mantenga limpia. Coloca un material reflector (espejo, Mylar) detrás de la estufa para duplicar simbólicamente la cantidad de hornillas. También puedes colocar una tetera o una cacerola reluciente sobre la estufa para reflejarlas. Sugerencia para las jovencitas: ¡denle brillo a ese hornito Easy Bake Oven y colóquenlo en la esquina de Prosperidad de su dormitorio si están buscando un aumento en el dinero que les dan sus padres!

Si lo que estás buscando es dinero en efectivo, entonces tal vez lo que deberías colocar en esta esquina es dinero en efectivo. Trata esta curación mágica de dinero: toma nueve billetes de un dólar (o cualquiera que sea la moneda que uses) numerados consecutivamente, lamínalos y haz con ellos un móvil, y cuélgalo en la esquina de Prosperidad. Una manera más sutil es sacar nueve billetes de un dólar y colocarlos en la esquina detrás de un mueble. ¡Mira cómo fluye el dinero!

La oficina que tengo en casa está casualmente en la esquina de Prosperidad de mi hogar. Además de escribir libros y de practicar el feng shui, también soy arquitecta de paisajes y planeadora de terrenos. Le he sacado el jugo a la esquina de muchas formas. Tengo una flauta de bambú (tradicionalmente es un realzador de ch'i) que descansa sobre un pedazo de amatista morada. También tengo una campanilla de viento que cuelga del tragaluz, el cual está justamente encima de un mapa del mundo (¡tuve la intención de que el dinero llegara de todas partes del mundo!). Después de un tiempo, unos urbanistas del Oriente Medio se pusieron en contacto conmigo para que les hiciera un trabajo. Jamás me habían visto, pero insistieron en que yo era la persona que necesitaban para planear sus parcelas de terrenos en Marbella, España, y en Jiddah, Arabia Saudita. "¿Yo, con mi oficinita hogareña?", pensé; de toda la gente en el mundo con muchísimo personal y grandes oficinas, ¿por qué yo? Entonces, mientras estaba buscando a Jiddah en el mapa, noté que estaba directamente sobre la campanilla de viento. Como un faro, mi campanilla estaba guiando directamente hacia mí un manantial de prosperidad.

¿Es ésta la escalera al Paraíso, o al Infierno?

Por alguna razón, parece que esta pequeña sugerencia de feng shui ya es muy conocida, pero para ser minuciosa voy a mencionarla de todos modos porque tiene que ver con dinero. Si el escalón más bajo de una escalera que va hacia el segundo piso está frente a una puerta de entrada a la casa, el ch'i, que simboliza tu dinero, puede salirse (sí, puede que hayas dejado la esquina de Prosperidad durante un momento, pero, por favor, préstame atención).

He aquí un par de curaciones que puedes usar si tienes una escalera en esa posición. Cuelga un cristal de muchas caras entre el escalón inferior y la puerta, con la intención de dispersar el ch'i, o coloca rojo (como una línea roja o una alfombra) en el extremo inferior de la escalera, con la intención de detener el ch'i. Cualquier de los dos métodos es bastante efectivo.

También te conviene hacer que la gente note la planta baja de la casa al entrar, en vez de pensar en qué habrá en el piso superior (esto crea una intención dividida y un ch'i debilitado). Coloca algo que llame mucho la atención (como un gran ramo de flores) a un lado de la escalera, de manera que atraiga toda la atención y la desvíe de la escalera.

Sabiduría para usar el dinero

Si esa factura de American Express ya está en camino y no tienes la menor idea de dónde vas a sacar el dinero para pagarla, es posible que te falte un poco de sabiduría financiera, y también de dinero. Lo menos que necesitas en esta vida es tener mal crédito. Así que, además de hacer algunas mejoras a la sección de Prosperidad, te sugiero que también pulas un poco el área de la sabiduría tradicional (Habilidades y Conocimiento). No te será difícil pensar en personas que ganaron millones y al poco tiempo se declararon en bancarrota. ¿No te suenan los nombres de Vanilla Ice, Hammer y Mike Tyson? Esto prueba que tener mucho dinero no asegura la independencia económica y un sentimiento de abundancia. Lo que falta es la sabiduría de usar el dinero adecuadamente. Yo siempre sugiero hacer cambios a la sección de Habilidades y Conocimiento (sabiduría) cuando el dinero empieza a llegar, porque si no sabes cómo hacer que el dinero trabaje en tu beneficio, nunca habrá bastante. Haz algo adicional a esta área con la intención de que haciéndolo estás creando la sabiduría necesaria para manejar la futura prosperidad. Si hay una persona o unas personas a quienes respetas por su sabiduría, escribe sus nombres en un pedazo de papel azul o toma fotografías de ellos y colócalas en la sección de Habilidades y Conocimiento de tu hogar o tu cuarto (mira el Capítulo 8). Si no puedes pensar en nadie así, tal vez te servirá un centavo con la efigie de Lincoln, un hombre admirado por su inteligencia, en realidad, acerca del dinero.

Conocí a un político que tenía el cuarto de lavar la ropa en su esquina de Prosperidad. ¿Sería esto un "lavado de dinero"? Digo esto como un recordatorio de que hay que leer el espacio de manera muy literal y ver qué es lo que te está diciendo, y diciendo acerca de ti a los demás.

No te mudes . . . No hay nada como tu propio hogar

Si estás buscando dinero para algo específico, como una nueva vivienda, asegúrate de que tu sección de Prosperidad lo sabe. Dibuja un plan para la casa de tus sueños, busca arquitectos y arquitectos de paisajes, o recorta de una revista una imagen de la casa de tus sueños. Escribe: "Ahora estoy recibiendo dinero para la casa de mis sueños", y colócala en esta esquina. (A estas alturas, ya te imaginarás que la tinta o el papel morado son perfectos para esto, ¿no es cierto?). O tal vez coloca el objeto en un marco morado y cuélgalo en esta esquina. Esto funcionará para cualquier cosa para la que necesites dinero, no sólo para una vivienda. Así que, sea lo que sea, busca un modo de expresarla en la esquina de Prosperidad.

Mi clienta Jessica decidió que ya no quería vivir en medio de la competitiva ciudad. Deseaba una gran casa en el campo. En su esquina de Prosperidad, que era su clóset con espacio para caminar dentro, enmarcó el plano de su casa ideal, que encontró en una revista, junto a una foto que tomó y a la que ella llamaba "la vista desde la casa". Jessica colgó una pequeña campanilla de viento encima, de manera que el "viento" del feng shui la encontrara.

La última vez que traté de ponerme en contacto con ella, el número de teléfono ya no servía. ¡Le oí decir a una amiga que, ciertamente, se había mudado!

En cuanto me gane la lotería . . . Bueno, he aquí tu boleto mágico

¿Estás esperando ganarte la lotería para poder pagar todas tus deudas? O, mejor aún, ¿estás esperando que llegue la persona perfecta para que se case contigo y te saque del atolladero? ¿Y qué tal esa herencia o ese aumento de salario? Si estás buscando fuentes externas para resolver tus actuales problemas económicos, pero al mismo tiempo sigues gastando más de lo que ganas, te convendría reconsiderar tus áreas de Prosperidad y Familia. Este ciclo de sentirse en quiebra y luego gastar para sentirse mejor puede destruir tu autoestima. Da comienzo a una secuencia creciente de eventos negativos. Si quieres romper el ciclo, he aquí lo que tienes que hacer.

Tienes que albergar un enorme deseo de tener una vida diferente. Eso significa asumir responsabilidad por tu vida y hacerte a la idea de que tú mismo la puedes cambiar. Si tú mismo arreglas la situación, nunca más vas a tener que preocuparte por dinero. Si confías en que otros la arreglen, es posible que tengas que seguir dependiendo de ellos. ¿Saber esto te inspira más a que lo hagas tú mismo? Sí, está bien tener cerca de uno personas serviciales, pero ellas deben llegar a tu vida para ayudar sin que tú tengas que renunciar al control, o peor aún, a tu autoestima.

Mejorar el área de Familia ayudará a cubrir esas cosas básicas de la vida: alquiler, comida y facturas de la vida cotidiana. Tú sabes, las cosas aburridas. Cuando no se presta atención a estas cosas aburridas, todo se altera. Cuando estas necesidades básicas se satisfacen, entonces el área de Prosperidad se hace cargo del asunto. Esta área suministra dinero para las cosas buenas de la vida: vacaciones, mejores autos, casas más grandes. Tú sabes, las cosas divertidas y frívolas.

Dinero sucio

¿Y qué pasa si la sección de Prosperidad de tu casa cae en la habitación desarreglada de tu hijo adolescente? Bueno, como ésta es considerada una esquina de poder, es posible que él esté disfrutando de ejercer poder en la familia. Y si él es desordenado, puede que eso le esté restando a toda la ardua labor que tú estás haciendo en el resto de la vivienda por lograr la prosperidad. ¿Quién sabe realmente lo que un asqueroso suéter de lana en esta esquina esté haciéndote? Me imagino que nada bueno. Si ésta es la forma en que debe ser por ahora, asegúrate de que las áreas de Prosperidad en todas las otras habitaciones de tu vivienda y de tu propiedad están en perfecto orden, para contrapesar la pocilga temporal. Sí, también puedes situar el bagua encima de la totalidad de tu propiedad. Usa la entrada formal de todo el terreno como el lado donde está la puerta de entrada. Tal vez pudieras pedir permiso para colocar en la habitación algo con intenciones de Prosperidad (como un trozo de terciopelo morado detrás de un cartel de lucha libre).

No hay tiempo que perder . . . Muéstrame el dinero *ahora*

Mientras estaba remodelando su cocina, que caía en la esquina de Prosperidad, mi amiga me pidió consejos de feng shui. Le sugerí que añadiera tanto color morado como pudiera. Cuando le contó a su escéptico esposo acerca de esa idea, él pensó que ambas estábamos locas. Pero, no sé cómo, ella se salió con la suya. Un domingo de Super Bowl, antes de que se fueran de fiesta, pintaron el techo de la cocina de un bello tono de vincapervinca. Más tarde ese día, y después del partido, recibí una llamada de ellos cuando regresaban a su casa después de la fiesta. Ambos habían ganado las apuestas en su oficina, con un total de US $400. "¡Vamos a pintar toda la cocina de morado, nena!", gritó el marido antes escéptico. En menos de ocho horas, habían aumentado su abundancia.

Si eso no es lo bastante rápido para ti, escucha esto: otro amigo me preguntó acerca del feng shui y de cómo podría funcionar en su beneficio. Él estaba sin trabajo e incierto no sólo acerca de sus finanzas, sino también de lo que haría a continuación. Conociendo sus grandes habilidades, yo no podía creer que él tuviera dificultad en encontrar trabajo. Aunque yo nunca había estado en su casa, le expliqué cómo encontrar la esquina de Prosperidad de su casita de campo. Cuando le pregunté qué había en esa área, dijo: "Hay una desvencijada lavadora, una tabla de planchar y una cajita donde el gato hace sus necesidades, que ya está sucia. ¿Por qué?" Naturalmente, como soy consejera de feng shui algo sarcástica, dije: "¡No me extraña que tus finanzas estén en tan mal estado!" Le dije que limpiara inmediatamente la cajita del gato. Luego, le dije que buscara algo morado y lo metiera allí enseguida. Al momento de colgar el teléfono, limpió la cajita y buscó algo morado. Todo lo que tenía era una madeja de cinta de envolver regalos de color rosa-fucsia. Así que la colocó sobre la lavadora y se fue pensando que el problema estaba resuelto. En media hora, el teléfono sonó con, como él dice, la oferta de trabajo más creativamente desafiante que había recibido hasta la fecha, y no hablemos de que era también el salario más elevado ... para diseñar un parque temático interactivo en Europa. Estaba alelado. Así que se fue inmediatamente al cuarto de lavandería, arrancó las cortinas y las pintó de morado. Las volvió a colgar, luego hizo una limpieza completa y colgó una campanilla de viento. Desde entonces, mi amigo ha estado tarareando una nueva tonada.

Donde va la gente, allá va el ch'i. Imagínate un centro de compras durante la temporada navideña y un almacén abandonado. ¿Cuál se siente más lleno de energía?

Un rey en su trono

La esquina de Prosperidad de tu hogar es igual al trono de un rey. En todo momento el rey está meticulosamente colocado en la posición más dominante. Mira a tu esquina de Prosperidad con igual reverencia. Si esta esquina está en tu dormitorio principal, eres el rey. Si es la habitación familiar, la cocina o el comedor, usa las curaciones antes descritas y no tendrás problemas. Si es el dormitorio para las visitas, el cuarto de los niños o, peor aún, la habitación de tu suegra, puede que te enfrentes a una lucha por poder dentro del hogar. Si se trata del cuarto de las visitas, puede que esté vacío parte del tiempo. En este caso, realza el ch'i y muévelo añadiéndole movimiento. Úsalo como una habitación de esparcimiento familiar, cuando no haya huéspedes, para que los miembros de la familia puedan usar el espacio. Colocar una pecera u otra curación permanente en movimiento en la habitación es también una solución apropiada.

Por otra parte, cuando hay huéspedes, es posible que ellos no quieran irse cuando tenían planeado de antemano. Si se trata del cuarto de la temida suegra, puede que ella considere que es la jefa del hogar. Si es la habitación de los niños, puede que ellos no sepan su lugar en la estructura familiar y tal vez traten de ser los que manden. Pero si el niño tiene problemas de baja autoestima, éste puede ser el lugar perfecto para equilibrarlos. Ten mucho cuidado de a quién le das la esquina de poder.

Recibes lo que das

Algunas personas le llaman a esto filantropía, pero es cierto: recoges lo que siembras. Así que haz sencillamente esto: da a los demás. Cuando lo haces, te das a ti mismo. Ésta es otra de esas extrañas leyes universales que tomarían demasiado tiempo en explicarse. Sin embargo, hay una trampa. Debes dar libremente, sin condiciones. Las únicas palabras en tu corazón deben ser: "Soy libre para dar porque siempre hay una provisión para cada una de mis necesidades".

Yo soy una prueba viviente de que esta ley es cierta. Justamente antes de estudiar feng shui, yo me encontraba en una situación tal —durante la recesión de principios de los noventa (la mayoría de los californianos la consideraban una depresión)— que todo lo que yo poseía era, literalmente, un dólar. Ya le debía alquiler al dueño de la vivienda, y estaba comprando comida y combustible con las pocas tarjetas de crédito que me quedaban. Un día, al salir de la carretera de vía rápida, vi a un hombre que pedía dinero. Aunque no es raro encontrar eso en el sur de California, era extraño que sucediera en esta rampa de salida. Según el estándar de California, era en un lugar muy lejos del centro.

Como yo estaba sólo a un dólar de distancia de estar ahí junto a él, pensé: "¡Qué caramba! Por lo menos él tiene el valor de pedir". Desenterré el dólar de mi bolso y se lo di. Todavía puedo ver la escena como si hubiera sucedido en cámara lenta: mi mano extendiéndose y conectándose con la suya. Hubo un cambio inmediato en mi interior: una renuncia total. Me hizo sonreír. Más tarde ese día, recibí una llamada (gracias a Dios que soborné a la compañía telefónica para que me diera más tiempo para pagar). Alguien quería que le hiciera un trabajo. Fue realmente el momento decisivo de la recesión y el comienzo para mí de vivir abundantemente.

> Si pides dinero y te preparas para la posibilidad de que no lo recibas, obtendrás la situación para la que te has preparado. Así que, en lugar de tentar al destino, ten fe.

Cheques, saldos y ch'i, ¡Dios mío!

Otra manera de hacer que los cheques lleguen a ti en bandada es equilibrar la esquina de Prosperidad de tu hogar o habitación con un artículo que represente cada uno de los cinco elementos. Usa esta curación también si no tienes sentido alguno de estilo y no te preocupas por la decoración del hogar, pero sí quieres hacer cambios en tu vida. Puede que éste sea sencillamente el único cambio que necesitas para comenzar el proceso de preocuparte por tu medio ambiente. Los cinco elementos son, de nuevo: *madera, fuego, tierra, metal y agua*. He aquí un ejemplo: una mesa de hierro fundido (metal) con una cubierta de cristal (agua), con una planta (tierra) encima, una imagen con un marco de madera (madera) y una vela (fuego). A medida que avances por el resto del libro, tendrás una idea más clara de los artículos que representan mejor estos elementos. Incluso si son pequeños símbolos de cada elemento, tus esfuerzos se verán recompensados. Yo le llamo a esto la *curación de cubrirte las espaldas.* Incluyo esta curación aquí en el capítulo de Prosperidad porque da la casualidad que es el primer gua tratado en este libro. Pero esta curación puede usarse en cualquier sección del bagua, para cualquier situación de la vida; úsala si tienes una situación de feng shui que no puedes dilucidar o porque te parece que esta curación es la que tiene más sentido. De todos modos, lograrás un cambio positivo.

Por cierto, si estás preocupado de que vayas a colocar un elemento del Ciclo Destructivo en el área, no te inquietes. Cuando cada uno de los cinco elementos está igualmente representado como una curación, no se crea el Ciclo Destructivo.

Los opuestos se atraen

Si has mejorado tu área de Prosperidad y crees que los resultados no son aún los que tú esperabas o que intentaste lograr, examina el gua opuesto, el de Personas Serviciales y Viajes (ver Ilustración 8). Aunque vamos a considerar esta área luego más profundamente, necesita mencionarse con respecto a Prosperidad. La sección de Personas Serviciales te brinda una base de apoyo para que vivas tu vida abundantemente. Si te sientes apoyado, tienes confianza. Esta confianza promueve generosidad, la cual, a su vez, te hace sentir y ser abundante.

En caso de que te lo estés preguntando, sí, todas las áreas opuestas del bagua se relacionan directamente unas a otras. Ellas son el yin y el yang que componen el todo. Equilibra ambas para obtener resultados óptimos. En el Capítulo 6 descubrirás cómo mejorar el gua opuesto a Prosperidad: el área del hogar de Personas Serviciales.

Tu cadera y la prosperidad

No sé cómo relacionaron estas partes del cuerpo con cada gua, pero el área de Prosperidad del hogar está asociada con la cadera. Así que, si tienes un problema en la cadera, coloca una de las herramientas de poder en esa área con la intención de mejorarlo (si estás tratando sólo de ser sofisticado, salta al Capítulo 8).

Piezas de a ocho

Desde un punto de vista numerológico, el número ocho es el número para aumentar la riqueza material. Así que, si tú vives en la Calle Octava, debe resultarte fácil atraer dinero hacia ti. Para ave-

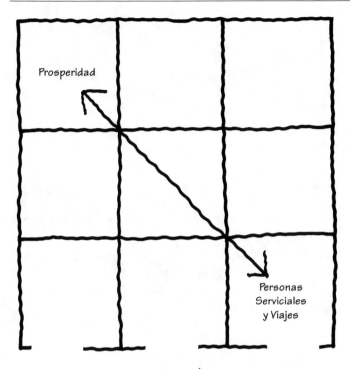

Prosperidad

Personas
Serviciales
y Viajes

ILUSTRACIÓN 8

riguar a qué equivale tu dirección en términos numerológicos, suma todos los números en tu dirección hasta que se conviertan en
un número entre el 1 y el 9. Por ejemplo, si vives en el 24881 de
Flowing Creek Drive, añade 2+4+8+8+1. Esto equivale a 23.
Luego añade el 2 y el 3 y obtienes 5. Tú vives en una casa 5. También hay una manera de sumar las letras, pero para los propósitos
de este libro no vamos a entrar en tanto detalle. Cada capítulo y
cada situación de la vida tendrá su número *mejor* y su número *más
difícil.* Como ya dije aquí, el mejor número para la prosperidad es
el 8. El más difícil es el 7, el cual se asocia con pensar más espi-
ritualmente y, por tanto, con menor concentración en la abundancia material. Recuerda otros lugares donde has vivido y
recuerda el tema, lo que primaba en tu vida, cuando residías en
esas viviendas. Escríbelos y entonces, a medida que avanzas por

este libro, puedes ver qué clase de suerte te ofrecía la vibración de tu hogar cuando estabas viviendo allí (si eres impaciente y te preguntas acerca de tu número específico, mira la tabla en el Capítulo 1). Si tienes más de una casa, considera el número de tu residencia principal como el que tiene más poder sobre ti.

Artículos de acción inmediata para Prosperidad

Cada capítulo relativo a un gua tiene una lista de artículos de acción inmediata para recordarte cualesquiera cambios esenciales que haya que hacer. Todo el mundo puede beneficiarse de estos cambios, incluso si este gua en específico está funcionando bien para ti. Pero si necesitas ayuda de feng shui en esta área de Vida, equilibra el espacio usando la información sobre herramientas de poder y materiales peligrosos. He aquí los artículos de acción inmediata para Prosperidad:

1. Limpia muy bien esta sección del hogar.
2. Elimina todos los artículos rotos.
3. Considera llamar a los profesionales si tienes allí un inodoro.
4. Añade mejoras si son necesarias.

| Prosperidad en breve |

Herramientas de poder: morado, verde, rojo, oro, cosas que te recuerden abundancia, agua en movimiento, plantas de hojas redondeadas, objetos en movimiento.

Materiales peligrosos: suciedad y polvo, objetos rotos, recordatorios de tiempos malos, latones de basura, plantas marchitas, chimeneas, inodoros.

Gua opuesto: Personas Serviciales y Viajes

Parte del cuerpo: cadera

Número asociado: 8

capítulo 3

Yo les gusto, de verdad, de verdad
que les gusto — Fama y Reputación

uscas fama? No sigas buscando. ¿Buscas cambiar tu reputación en la vida? Sigue leyendo. Puedes mejorar tu reputación o hacerte famoso si incorporas principios de feng
shui en el área de Fama y Reputación del hogar. Y con el realce
de tu reputación, puedes ver una mejoría en tu vida de las siguientes formas:

- ◉ Aumentan o mejoran los negocios (lo que se traduce en
  más dinero).
- ◉ Finalmente, tienes el valor de hacer algo que siempre ha-
  bías temido hacer.
- ◉ Ganas el respeto de tu cónyuge, tu familia, tus compañe-
  ros de trabajo, tus amigos y extraños.
- ◉ Se protege tu buena reputación.
- ◉ Te conviertes en una persona muy conocida.
- ◉ Recibes el crédito que, por fin, te mereces.
- ◉ Tienes el apoyo de los demás, debido a que ven que vales.
- ◉ Te aceptas por quien eres.

Ante todo, aunque la palabra fama está en el título, este capítulo no se trata de tan sólo hacerse famoso. Pero al echarle una

mirada a la gente famosa y examinar el camino que tomó para llegar a donde se encuentran, comenzamos a ver algunos denominadores comunes relativos a Fama y Reputación. Puede que la gente te juzgue por toda tu carrera o, sencillamente, por un sólo suceso. Lucille Ball es famosa por los logros de su carrera a través de su vida y Lee Harvey Oswald es conocido por un solo evento. Obviamente, a partir de este ejemplo, hay dos clases de fama o notoriedad: la buena y la mala. Aunque hay algunos verdaderos enfermos mentales en el mundo que disfrutarían con perseguir una mala reputación, nos estamos concentrando solamente en cómo crear una buena. Si ya estás afectado porque tienes una mala reputación, este capítulo te dará las herramientas para cambiarla.

Para lograr ser famoso y tener una reputación hay que contar con otras personas. Tan sólo considerarse famoso no hace a nadie famoso. La atención o el reconocimiento de otros es un ingrediente vital en la receta, tanto de la fama, como de la reputación. Entonces, ¿cómo logras que otra gente te considere de la forma en que tú quieres que te considere? Ante todo, tienes que escoger aquello por lo que quieres ser conocido. Sé claro acerca de eso . . . y luego sé eso. Supón que ya eres conocido por eso. Por ejemplo, todo el que me conoce sabe que yo siempre soy puntual. A menudo les digo a las personas que conozco hace poco que yo soy "desesperanzadoramente puntual". Mi puntualidad hasta confía en las vías rápidas de California para llevarme a donde necesito ir. Una amiga dijo que ella pensaba en llamar a los hospitales locales cuando yo tardaba un poquito. Así que, como ves, tengo la reputación de estar a la hora convenida. Creo que ser puntual muestra respeto por los demás. También creo que recibes lo que das. Por eso, al estar a tiempo, estoy en realidad ganándome el respeto de los demás.

Por lo general toma tiempo crear tu fama y reputación, usando el método de sencillamente, "serlo". Si no tienes tiempo, usa el feng shui. El área de Fama y Reputación de tu hogar está situada en el centro de la pared trasera con relación a la puerta de entrada (Ilustración 9). Recuerda: si esta área falta, en el Capítulo 11 hay sugerencias para completar las piezas ausentes.

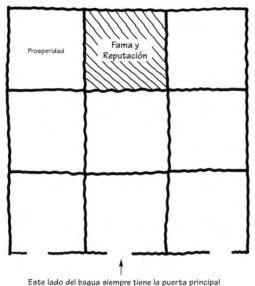

Este lado del bagua siempre tiene la puerta principal
del hogar o habitación situada en él.

Ubicación de Fama y Reputación en el bagua

ILUSTRACIÓN 9

En la tabla del Capítulo 1 aprendimos que Fama y Reputación están asociadas con el color rojo, las formas triangulares y el elemento fuego. Teniendo eso en mente, examina más detenidamente los artículos que pueden efectuar un cambio positivo en esta área.

Herramientas poderosas para Fama y Reputación

Fuego El fuego es el elemento conectado con Fama y Reputación. Así que si puedes añadir, literalmente, ese elemento al espacio, estás ayudando a crear tu reputación. Chimeneas, farolillos y velas son perfectos. No, no tienen que estar encendidos constantemente.

¿Qué tal si desentierras una de esas viejas fotos del viaje a Hawai y montas en un cuadro una serie de vistas de volcanes echando lava? La lava es como fuego sólido. ¿Por qué no usar una lámpara de lava?

Luces Si no puedes tener la luz real, busca el mejor sustituto. Esas bombillas parpadeantes que imitan velas o un elegante *torchere* funcionan bien aquí. Si puedes distinguir entre lo vulgar y lo sofisticado, mira en Las Vegas para tener ideas sobre iluminación. Compara las reputaciones con las luces de algunos de estos casinos y comenzarás a entender la conexión.

Dondequiera que tengas una chimenea, modérala con un poco de agua, sobre todo si está en las secciones de Niños, Prosperidad o Familia. Pero incluso si está en la sección de Fama, un poco de agua ayudará a equilibrarla y, en realidad, le dará poder (el fuego y el agua crean vapor).

Cosas rojas Éste es *el* color para esta área, así que cárgala de rojo. Las velas rojas poseen dos atributos deseables para Fama y Reputación: el color y el elemento.

Como las luces rojas han sido tradicionalmente usadas para señalar distritos o negocios de baja índole y mala reputación, lo mejor es no usarlas, a menos que, por supuesto, sean apropiadas para tu ocupación.

Objetos triangulares Simbólicos de la forma del fuego, los triángulos y los objetos puntiagudos funcionan mejor en el espacio de Fama, creando fuego para el subconsciente. El triángulo rosado, que fue escogido por hombres homosexuales y lesbianas para representar su causa y para cambiar la percepción de otros hacia ellos y su reputación en el mundo, fue una buena selección (a pesar de su función original durante la Primera Guerra mundial). Las pirámides tienen el efecto perfecto para ganarse el respeto. Los cactos son objetos peligrosos de feng shui en casi todos los lugares, menos aquí.

Si necesitas un lugar en tu vivienda donde desplegar o guardar una colección de armas, éste es el sitio. Las lanzas, los arpones, las flechas, los puñales, las espadas y los cuchillos tienen la forma afilada del fuego.

Madera En el Ciclo Creativo, la madera alimenta el fuego. Añade madera para reforzar el elemento del fuego en esta área, literalmente o simbólicamente. Usa muebles y marcos de cuadros de madera, o plantas de tronco de madera. Coloca el arbolito de Navidad aquí y observa cómo cambian las cosas durante las festividades.

Los poco refinados muebles de partículas de madera prensada están en el límite. Sería estirar demasiado el concepto poner a Woody, el muñeco vaquero de madera de la película *Toy Story*.

Verde Como simboliza madera en el feng shui, casi cualquier cosa verde funcionará. Un árbol de aguacates . . . sí. Un tazón de guacamole seco y endurecido de la fiesta de "crea tu propio taco" que diste la semana pasada . . . no. ¿Ves la diferencia?

Televisor Usa el televisor como un símbolo de fuego y colócalo en la posición de Fama (por lo general está ardiendo con acción y movimiento). ¡No apagues el fuego cambiando demasiado de canales!

Objetos rectangulares o columnares Cuadros sobre la pared en un formato vertical, un reloj de péndulo, columnas o un armario, son adecuados para esta sección. Piensa en el tronco de un árbol para acordarte de ella.

Artículos que representan fuego Estrellas doradas, la antorcha de la Estatua de la Libertad, una imagen de una fogata, una luciérnaga o un volcán: todos funcionan. También lo harán un sol de cerámica, una cajita de fósforos, una plancha hibachi japonesa, incienso, fuegos artificiales o algo que sobrevivió al fuego y que tiene un significado para ti. Una hilera de pimientos (chiles) rojos en un cordel puede ser una manera muy efectiva de darle más sabor a Fama.

Vidrios de colores Añade resplandor rojo y verde del sol a una habitación colgando vidrios de colores en cualquier ventana cercana.

Animales y cosas hechas de animales Piel, lana y piel de anguila son algunas de las selecciones que tienen la energía perfecta. Los animales vivos también son excelentes. Se dice que tienen la energía del fuego. Coloca aquí un poste de afilarse las uñas para atraer a los gatos. El librero de madera con los libros encuadernados en cuero rojo resulta perfecto. Los cuadros de animales están bien, pero cuidado con éstos: el animal que escojas puede que te represente a ti simbólicamente ante los ojos de los demás. Así que si no te imaginas como un tigre; deja al tigrillo Tony en la caja de cereales. Y si no quieres ser un arratonado, un caballuno, un gallina . . . bueno, ya me entiendes. Esta regla se aplica también a artículos que no tienen que ver con animales: si no eres tú, puede enviar señales equivocadas.

Plantas   Las plantas tienen una energía excelente para Fama. A medida que crece la planta, así lo hará tu reputación.

Cuadros o recordatorios de celebridades o personas que admiras   Si ellos tienen una reputación que tú deseas, coloca aquí sus cosas.

Artículos de reconocimiento   Premios, diplomas, licencias profesionales, cintas, medallas por buenos trabajos escolares, informes de notas, Oscares del cine, Emmys de la televisión, certificados de apreciación de organizaciones locales . . . todos pueden colocarse aquí para realzar tu imagen. Ellos harán sonar las trompetas para que tú no tengas que hacerlo.

Lista personal de deseos   Escribe en un pedazo de papel rojo todo lo que deseas obtener al mejorar este gua y colócalo en un sitio seguro de esta parte del hogar. Escribe lo que sea que tú quieres que el público piense de ti.

Cosas de "subir"   Cosas asociadas con altura —montañas (especialmente las altas y puntiagudas, como los volcanes), aves, globos, estrellas, luna, sol y otras por las que tienes que alzar la cabeza para verlas— funcionan bien para lograr una buena reputación y que la gente te admire.

Montañas reales   Si vives en la ladera de alguna loma con alguna montaña grande en la parte de atrás de la casa, tienes todo lo que necesitas para este gua. Las montañas le dan estabilidad al fuego.

No olvides añadir algunas de estas ideas a tu libreta de notas. También busca alrededor de ti materiales peligrosos que se necesita mover y asegúrate de anotarlos.

Materiales peligrosos para Fama y Reputación

Agua En el feng shui, el agua apaga el fuego. Es mejor no tener demasiada en esta área. Si tu bañera, ducha o inodoro está aquí, equilibra el espacio usando los Ciclos Creativo y Destructivo. Un ejemplo consiste en poner tierra (macetas de plantas en potes de cerámica) en esta habitación. Esto puede ayudar a equilibrar el agua. ¿Qué tal un jabón amarillo en una cuerda para colgar en la ducha? A menos que seas biólogo marino o clavadista de arrecifes, mueve la pecera. Y a menos que seas Mark Spitz o Greg Louganis, o que tengas una curación que la domine, una piscina no es el mejor elemento para ubicar cerca de este lugar de la vivienda. Mi sugerencia es, si el agua puede moverse de sitio, que la muevas. Más tarde trataremos del agua que no se puede trasladar de sitio. Estoy hablando tanto del agua en el sentido literal como de los símbolos de ella. Un cuadro gigante con una escena marina no le está siendo de mucho beneficio a nadie aquí.

Cosas negras El color negro simboliza agua, así que sácalo de aquí. Si ese librito negro no ha hecho suficiente daño todavía, lo hará aquí.

Cosas que simbolizan lo que tú no eres Un cartel de Darth Vader, un payaso triste, pinturas que incluyen animales muertos o personas a quienes han matado, o fotos de personas de mala fama realmente pueden rebajar tu reputación. También, imágenes de animales asociados con rasgos negativos o con agua, como sanguijuelas, tiburones (a menos que seas un abogado "tiburón"), cerdos, sapos, pirañas, ratas o ratones (dejaremos que Mickey se cuele aquí si estás en el ramo del entretenimiento temático) pueden igualmente dar una mala impresión.

Espejos Como los espejos equivalen a agua, trata de sacar los grandes de esta área, sobre todo si tienes uno colgando de la chimenea. Aunque es apropiado tener un poco de agua, que no se te vaya la mano, pues un espejo que es más grande que la chimenea podría apagar el fuego. Confía en tus instintos para saber cuándo algo es demasiado.

Si tienes fotos de familiares sobre la repisa, asegúrate de que estén protegidas con un poquito de agua (sobre todo si son fotos de niños). Sin protección, las personas pueden hacerse propensas a fiebres o, por lo menos, a calurosas discusiones, debido a su proximidad al fuego. Un método consiste en colocar las fotos sobre un fondo negro dentro del marco, o colocar negro en la parte de atrás de los marcos.

Nadando en fama

Si eres lo suficientemente afortunado como para poseer una casa en la playa, pero ahora estás aterrorizado de tener todo el océano en tu gua de Fama y Reputación, he aquí lo que puedes hacer al respecto. Coloca elementos de tierra por toda la casa y a su alrededor, tales como piedras, pedrones rodados o tierra misma dentro de macetas de plantas. Usa también elementos de fuego (que crean tierra), tales como velas o candeleros.

Debes saber que ahora estamos hablando de cosas fuera de la casa, pero veo esta situación con bastante frecuencia como para que valga la pena mencionarla. Si se trata de una piscina enorme en tu patio, la cual está empapando tu reputación, rodéala con plantas en macetas. Nueve plantas en potes de cerámica rojos funcionan bien, debido a que nueve es una excelente cantidad para curaciones de feng shui (Ilustración 10). Pedrones rodados en el paisaje de la casa también pueden ayudar al equilibrio.

¿Notaste alguna vez en la televisión que a los ricachones ladrones, delincuentes y mujeriegos casi siempre los representan en viviendas modernas con piscinas grandes y angulares en el fondo, y que estas piscinas no tienen absolutamente nada alrededor de ellas? ¿Y que las personas felices y las familias agradables siempre tienen piscinas de contornos suaves rodeadas por árboles y un paisaje exuberante? Desde el punto de vista del feng shui, la piscina que no tiene nada alrededor está desequilibrada en el fondo de la casa. Una piscina desnuda en el área de Fama del patio puede conducir a que se cuestione la ética y la integridad. Ten cuidado si estás haciendo negocios con alguien que vive en esta situación, pues esa persona puede sentirse tentada a hacer trampas o a tomar malas decisiones. Si no quieres que haya plantas alrededor de tu piscina, tal vez debes usar toallas o cojines rojos o verdes. Asegúrate de mejorar ampliamente el área de Habilidades y Conocimiento (Ilustración 8), para que así tengas la sabiduría de hacer lo correcto en la vida. Además, realza las áreas de Fama y Reputación del hogar y de cada habitación de manera total para lograr aún más equilibrio.

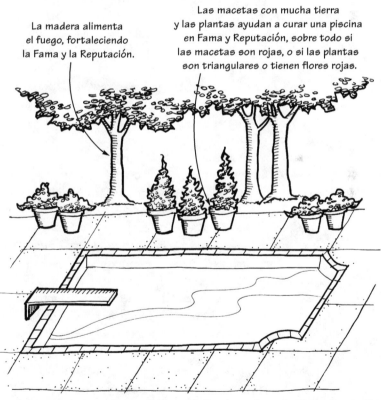

La madera alimenta el fuego, fortaleciendo la Fama y la Reputación.

Las macetas con mucha tierra y las plantas ayudan a curar una piscina en Fama y Reputación, sobre todo si las macetas son rojas, o si las plantas son triangulares o tienen flores rojas.

Curaciones para usar cuando una piscina está situada en el gua de Fama y Reputación.

ILUSTRACIÓN 10

| Deshaz un desdeño — Logra respeto |

Chicas, ¿se están preguntando por qué nunca las llevan a la casa del novio para conocer a la mamá de él? Muchachos, ¿sus parejas les hacen con la mano un gesto de desdeño después que ustedes tratan de comunicar sus opiniones? Si ustedes los respetaran, estos sucesos frustrantes no tendrían cabida en su vida.

Todo el mundo necesita y quiere respeto. Eso va aparejado con todo lo demás que haces en la vida: tu negocio, tu vida amorosa, tus relaciones con amigos, con compañeros de trabajo y con la familia. El respeto es esencial para crear una buena reputación; Aretha Franklin sabía lo que estaba diciendo.

Si alguien te ha desdeñado, necesitas volver a ganar su respeto o volver a ganar el terreno que has perdido con esa persona. No temas, es muy sencillo. Comienza caminando hasta tu área de Fama y Reputación. Obsérvala con tus ojos de feng shui (y la lista anterior de herramientas de poder y materiales peligrosos). Busca a ver si hay violaciones obvias: piscina, *spa*, bañera o pecera. Entonces detecta las más sutiles: un mapa del mundo que muestra todos los océanos de la Tierra o un calendario con cascadas.

Si no tienes ninguna atrocidad importante en la sección de Fama, pero de todos modos sufriste una falta de respeto, puede que necesites hacer una sencilla curación de intención. Escribe la palabra "RESPETO" en un pedazo de papel rojo y colócalo en el área con la intención de que todas las personas con quienes te relacionas te respeten. Si estás buscando el respeto de una persona específica, escribe: "Yo recibo respeto total de ———" en el pedazo de papel y colócalo en la sección de Fama de la vivienda o de tu habitación. Cada esfuerzo que hagas con la intención de ganar respeto te ayudará a que nunca te lo vuelvan a faltar.

Si no te gusta la idea del papel, pero sí quieres el respeto de una persona determinada, coloca aquí un cacto o una rosa con espinas para obtener el mismo resultado. Personalmente me gusta la rosa, porque dice: "Soy agradable y bella, pero si me tratas mal podrías lastimarte". Escoge el que más te guste.

Fama no es una mala palabra

Si tu sueño es ser el centro de atención y, literalmente, quieres ser famoso, he aquí mi consejo para ti. Comienza por eliminar de tu sección de Fama todos los artículos que tienen una connotación de algo que no representa lo que tú quieres ser. Entonces puedes comenzar a divertirte en busca del camino hacia la fama.

He aquí un ejemplo: si quieres ser conocido en la televisión, entonces dibuja el frente de un televisor sobre una cartulina, recorta la parte donde está la pantalla y pega el frente del televisor a un espejo que uses todos los días, de manera que cuando mires al espejo, tú estés en el televisor. Haz esto durante 27 días. Cada vez que mires hacia allá, repite la afirmación: "Soy un/a ———— (actor, actriz, anfitrión, presentador, comentarista) muy conocido/a de la televisión y esto me hace realizar en la vida", o cualquier otra afirmación que sea apropiada. O pega tu foto en la cubierta de *TV Guide* y tírala sobre la mesita de centro durante un tiempo. Trátalo durante nueve o 27 días (de nuevo, esas buenas cantidades del feng shui). A medida que tropieces con ella continuamente, pasarás de parecerte esto cómico a, con el tiempo, sentirte complacido. Trata de llegar a una situación en la que te sientas cómodo con la idea de ver tu rostro en la cubierta de una revista como ésa. Mientras más puedas ver eso en la mente y soñar con eso, más energía estás poniendo hacia el logro de esa meta.

Una curación mucho más sencilla es colocar una foto de tu rostro sobre el televisor o sobre el centro de entretenimiento.

El tratamiento de la alfombra roja

Conocí a un tipo en Hollywood que llevaba al extremo todo lo relacionado al feng shui. Era director y ansiaba ser famoso en la industria del cine. Pero daba la casualidad que un baño para visitas estaba en su área de Fama. Cuando descubrió que el rojo era el color de Fama, inmediatamente puso manos a la obra. Hizo cambiar el inodoro por uno rojo, pintó las paredes, el piso, la puerta y el techo de rojo, y reemplazó todas las aplicaciones decorativas por otras en rojo. Y en un típico estilo de Hollywood, colocó una larga alfombra roja sobre el piso. ¡Oh, claro que se hizo famoso . . . como el tipo extraño de Hollywood con el baño rojo!

Uso este ejemplo para demostrar la importancia del equilibrio en el feng shui. El baño rojo se había convertido en una señal de desesperación, como si el individuo creyera que él no podía hacerse famoso por sus propios méritos. Pensó que necesitaba algunas fuentes externas que le trajeran la fama y no estaba asumiendo responsabilidad en eso. No llevó a cabo el cambio interior. Cuando estaba mejorando el área de Fama por medio del equilibrio, debió haber tenido la confianza de que su petición de alcanzarla se había escuchado y que ya estaba en camino con mucho menos rojo.

No confundas tu valor propio con el valor de tu cuenta de banco.

"¡Hola, yo sí existo!"

¿Estás cansado de que otras personas se apropien del crédito que tú te mereces? Hace unos quince años, yo contribuí de manera significativa al diseño y desarrollo de un festival de jazz que desde entonces se ha convertido en un evento anual. ¡Vaya, hasta yo misma le puse nombre! En el homenaje a los voluntarios, todos los créditos y alabanzas se las dieron a otra persona. ¿Levanté la voz y dije algo? No. Dejé que me pisotearan y esperé a que otra persona llegara y me pusiera los pies encima. Cuando pienso en donde yo vivía y qué era lo que había en el área de Fama de mi hogar, tengo que reírme: ¡una gran mesa negra de comedor! Todo tenía sentido. Con toda esa agua apagando el fuego en mi área de Fama, no es de extrañar que nadie se fijara en mí. Ahora el área de Fama de mi hogar dice: "¡Hola, yo sí existo!", con mucho rojo, un ejemplar de este libro y un artículo de periódico acerca del feng shui en el que hacen una cita mía.

Ten cuidado con los ladrones de Fama. Asegúrate de que no tienes materiales peligrosos fuera de equilibrio en esta área.

Forjando tu reputación paso a paso

Mi clienta Maggie está tratando de comenzar una carrera musical como cantante. No tiene entrenamiento formal ni buenas conexiones en ese ramo, pero yo creo que tendrá éxito en su empeño, debido a su enfoque muy directo y equilibrado del feng shui.

Yo aconsejé a Maggie respecto a lo que significan los símbolos en el feng shui y le pedí que se llenara de poder, creando sus propias curaciones. Le dije que mientras más intención, sentimiento y visualización pudiera poner en sus curaciones, más rápido funcionarían. Ella comenzó inmediatamente a crear su área de Fama muy personal. Primero, rescató su caja de viejos discos de 45, los que simbolizaban su primer contacto con la música. El disco de The Doors "Enciende mi fuego" fue el que escogió para representar su amor por la música, ya que la palabra *fuego* estaba en él (el elemento para esta área) y debido a que la etiqueta era roja. Luego, se puso a registrar algunas partituras y decidió que dos canciones representaban sus sentimientos acerca de su próxima carrera musical: "Esa cosa de la que están hechos los sueños", de Carly Simon, y la de Sarah McLachlan "Creando un misterio". Entonces comenzó a enmarcar cuidadosamente el disco y la partitura en un fondo color rojo vino, dentro de un marco rojo de madera.

Maggie también decidió crear un concierto a beneficio de la atención médica a niños con SIDA. En estos momentos, ella está reuniendo fondos para este concierto. El concierto ya la está ayudando, ya que es el tema de conversación cuando ella llama directamente a personas de la industria de la música. Está creándose respeto, una buena reputación y relaciones valiosas al conectarse con este evento de caridad. Así que cuando la gente piensa en ella, pensarán en una persona generosa. La gente se siente atraída de manera natural a aquellas personas que cree que son generosas. No pienso que se da cuenta, pero ella ha creado la perfecta curación de *dar-para-recibir.*

Reseñas entusiastas

¿Qué pasa si te están entrevistando para un empleo y te encuentras con que tienes tantas cualificaciones como otra persona? ¿Quién va a obtener el trabajo? El que tenga la mejor área de Fama y Reputación, ése es el que se lo llevará. Si has colocado con intención los objetos en esta área del hogar, esto te ayudará a brillar un poco más a nivel subconsciente, que es, justamente, lo que se necesita en situaciones como ésta. Como refuerzo, coloca el nombre del entrevistador (si lo sabes) en la esquina de Personas Serviciales (ver Capítulo 6).

La roja insignia del valor

Si te sientes infeliz porque estás atorado en una situación, pero te falta el coraje para efectuar un cambio, me parece que pudieras servirte de un poco de valor. Se necesita valor cuando el miedo está dirigiendo parte de tu vida y se convierte en una excusa para oponerte al cambio. Hay tantos tipos de excusas —"No me dejarán cambiar", "Puede que no me acepten", "Soy demasiado joven, viejo, gordo, estúpido, aburrido"—, tantas, que no puedo escucharlas todas. Pero todo lo que hace falta es el coraje para comenzar. Un poco de rojo aquí puede resolver mucho. Sencillamente, añade cualquier cosa roja a la sección de Fama y Reputación para comenzar el proceso. Incluso si no sabes a dónde te diriges, toma acción, y la próxima oportunidad se presentará.

Tú y tu mundo son un producto de tus pensamientos.

Respeto de nueve a cinco

Por fin Tammy obtuvo el trabajo de contabilidad que estaba buscando en una institución pública. Pero cuando llegó al lugar, notó que algunas cosas no estaban siendo manejadas de manera adecuada ni responsablemente. Decidió acabar con eso, pero se le opusieron en todos los niveles, y la administración central le dijo que dejara las cosas como estaban. Tammy se encontró entonces con que había quedado fuera del circuito de la empresa tanto en lo social como en lo profesional. Llamó a un profesional del feng shui, mi amigo Nate.

Él comenzó enseguida a cambiar de sitio los muebles de la oficina de ella. "Es esencial para cualquier persona estar de frente a la puerta cuando esté sentada en el escritorio", le dijo mientras colocaba el escritorio y la silla en la sección de Fama de la oficina (ver Ilustración 11, página 84). Él le sugirió que colocara un librero de madera en cualquiera de los dos lados de su escritorio, contra la pared del fondo (para que la "protegiera"). Luego, colocó meticulosamente sus libros de contabilidad en las estanterías (para mostrarles simbólicamente a todos lo meticulosa que ella era). Le dijo que pusiera plantas de seda encima de las estanterías (para suavizar las estanterías y crear subconscientemente árboles con ellos: "la madera alimenta el fuego"). Luego, buscando en la oficina lo que sería perfecto para colgar en la pared que le quedaba a la espalda, dio con algunas bellas pinturas originales. "¿Qué es esto?", le preguntó él, rebuscando entre las pinturas de flores.

"Oh, ésos son unos cuadros que pintó mi abuela. Ella es una pintora muy conocida en mi país de origen".

"Perfecto. Pon éstos detrás de ti", le dijo él. "Tienen la energía de una persona respetada, y también representan a tu abuela que te está cuidando" (ver Ilustración 12, página 85). Tammy mantuvo su integridad y continuó trabajando.

Funcionó. Unos dos meses después, dijo que la gente la estaba tratando con respeto. Dos años más tarde, encontró un error que nadie había advertido y le ahorró a la empresa millones

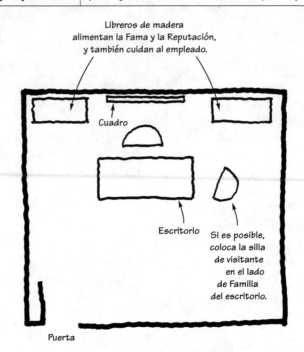

Libreros de madera
alimentan la Fama y la Reputación,
y también cuidan al empleado.

Cuadro

Escritorio

Si es posible,
coloca la silla
de visitante
en el lado
de Familia
del escritorio.

Puerta

El escritorio siempre debe estar de frente a la puerta de la oficina, pero sin alinearse con ella.

ILUSTRACIÓN II

de dólares y una mala reputación. Al poco tiempo, se les pidió la renuncia a todos los ejecutivos y ella fue, prácticamente, la única empleada que quedó.

Puede que tu escritorio sea lo único sobre lo que tienes control en el espacio de tu oficina (ver Ilustración 13), asegúrate de que te consigue respeto. Si tienes clientes, invitados o compañeros de trabajo que se reúnen contigo en el escritorio, haz que se sienten en el lado de Familia del escritorio, si es posible (vuelve atrás y mira la Ilustración 11). Si tú eres el jefe, sal de atrás del escritorio para hablar con los demás. Si no lo eres y tu jefe viene a hablar contigo, asegúrate de estar sentado en tu escritorio.

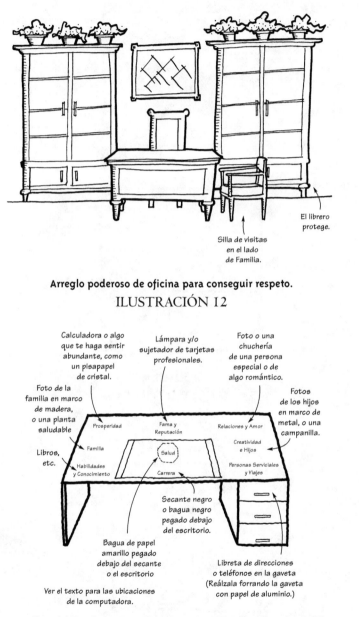

El librero
protege.

Silla de visitas
en el lado
de Familia.

Arreglo poderoso de oficina para conseguir respeto.

ILUSTRACIÓN 12

Calculadora o algo
que te haga sentir
abundante, como
un pisapapel
de cristal.

Lámpara y/o
sujetador de tarjetas
profesionales.

Foto o una
chuchería
de una persona
especial o de
algo romántico.

Foto de la
familia en marco
de madera,
o una planta
saludable

Fotos
de los hijos
en marco de
metal, o una
campanilla.

Prosperidad

Fama y
Reputación

Relaciones y Amor

Libros,
etc.

Familia

Salud

Creatividad
e Hijos

Habilidades
y Conocimiento

Carrera

Personas Serviciales
y Viajes

Secante negro
o bagua negro
pegado debajo
del escritorio.

Bagua de papel
amarillo pegado
debajo del secante
o el escritorio

Libreta de direcciones
o teléfonos en la gaveta
(Reálzala forrando la gaveta
con papel de aluminio.)

Ver el texto para las ubicaciones
de la computadora.

**Aplica el feng shui en tu escritorio como en tu casa: la puerta del
frente está donde te sientas.**

ILUSTRACIÓN 13

Trayectoria del ch'i de flecha desde una esquina

El ch'i de flecha también puede salir de un mueble.

Ejemplos del ch'i de flecha

ILUSTRACIÓN 14

Poner espejos en toda una pared puede negar el ch'i de flecha.

Las plantas pueden curar el ch'i de flecha.

Curaciones para el ch'i de flecha

ILUSTRACIÓN 15

Hondas y flechas

En el feng shui el término de *ch'i de flecha* se usa cuando una esquina de la casa, o de la habitación, o de un mueble penetra dentro del espacio donde se vive (ver Ilustración 14). Es como ese dedo que siempre penetra en la imagen para empujar al muñequito Pillsbury Doughboy, pero sin hacer tantas cosquillas. Este tipo de energía causa gran agitación en el territorio invisible del ch'i, arrojando todo tipo de energías desiguales hacia la habitación. Hay que buscar en todo el hogar para encontrar este patrón negativo de energía, no sólo en la sección de Fama. Tal vez es una buena idea poner un breve recordatorio de esto en tu libreta de notas. Es muy cruel para los humanos, pues causa todo tipo de males y comportamientos extraños, desde malestares y dolores físicos hasta malos hábitos, como no querer dormir en un lado específico de la cama, o sentarse en una silla mal ubicada.

Si tienes algunas de estas flechas apuntando hacia lugares donde pasas la mayor parte del tiempo —tu cama, el escritorio o el butacón de extensión frente al televisor—, he aquí algunas alternativas de feng shui.

1. Coloca una planta (idealmente una que llegue al techo) en la esquina (ver Ilustración 15).
2. Cuelga un cristal (uno de esos cristales redondos de muchas caras) del techo, a un par de pulgadas de la flecha de la esquina (ver Ilustración 15).
3. Coloca espejos en todo un lado de la pared. Esto puede resultar caro y puede que no combine con la decoración (ver Ilustración 15).
4. Mueve la cama, el escritorio o el butacón de extensión en otro lugar, fuera de la línea de fuego.

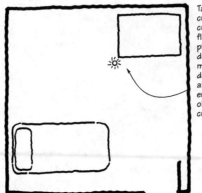

También un cristal puede curar el ch'i de flecha (si una planta estuviera demasiado en el medio). Cuélgalo del techo, en algún punto entre los dos objetos en cuestión.

Más curaciones para el ch'i de flecha
ILUSTRACIÓN 16

El alma de la fiesta

El área de Fama y Reputación de la vivienda, la habitación o el patio se nutre con la energía de las fiestas; agita y vigoriza el ch'i, realzando tu reputación ante tus amigos y conocidos. Hugh Heffner y Wolfgang Puck hicieron su reputación a base de fiestas. Consigue estar en la lista de invitados de una fiesta exclusiva y ya sabes lo que eso puede hacer por tu reputación. Todavía me recuerdan cariñosamente por las fiestas de pinturas corporales y por las fiestas anuales de cervezas exóticas que celebré cuando tenía veinte años (no puedo creer que yo esté poniendo esto en un libro). Una cosa sí es segura: la mayoría de la gente me considera divertida . . . y para mí, no hay de nada malo en ser conocida por eso.

La juventud también ayuda con este buen tipo de ch'i. (¡Mira el capítulo sobre Creatividad e Hijos para averiguar los artículos que necesitas para una fiesta!)

La vida es una fiesta a la que te traes a ti mismo (como en todo). Algunas personas, sencillamente, no están contentas con lo que trajeron.

| Fuego y hielo |

El gua opuesto a Fama y Reputación en el bagua es el de Carrera (ver la Ilustración 17). Piensa en cómo estos dos están conectados. Si alguien está hablando basura acerca de ti constantemente, puede que sea difícil mantener tu carrera a flote. Estos dos trabajan simultáneamente para realizar la perspectiva de tener una buena reputación y una carrera satisfactoria.

Añade un poquito más al gua de Carrera con la intención de ayudar tu reputación en el mundo. Puede que te sorprendas con los resultados. Después de que yo hice esto, no puedo decirte lo rápido que me hice popular y reconocida por mi trabajo de feng shui. Usé un par de cortinas negras estratégicamente situadas para que me consiguieran lo que yo deseaba. (Realmente, tienes que tener el decorado adecuado para poner cortinas

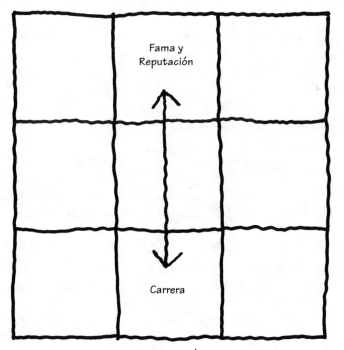

ILUSTRACIÓN 17

negras; así que asegúrate de no añadir algo que esté demasiado fuera de lugar; puede que te irrite subconscientemente, con lo cual disminuye tu ch'i personal.)

Mírame a los ojos . . . ¡soy famoso!

Los ojos son la parte del cuerpo que se asocia con el área de Fama y Reputación del hogar. Si estás experimentando algún problema con tus ojos, mejora esta área con la intención de atraer ch'i positivo hacia ellos.

Uno es el número más solitario

El número que se asocia con Fama y Reputación es el gran número 1. Y tú eres el 1 en tu vida. Después de todo, con fama o reputación, se trata de ti y sólo de ti. Si vives en una casa 1 (recuerda: suma todos los números en la dirección como se indica en el capítulo anterior), lo más posible es que estés recibiendo estímulos para emprender nuevos empeños, como un negocio, una familia o una afición. Pero, de la misma manera que 1 es el primer número, puede que tú tiendas a pensar en ti primero y a olvidar a los demás. Esto a veces es bueno, pero a veces no lo es. Es tan sólo una advertencia.

La mejor casa para equilibrar a una persona famosa es una casa 4. Aunque a los chinos no les gusta el número 4 (porque la palabra *morir/muerte* y *cuatro* son la misma palabra en uno de sus dialectos), una casa 4 puede resultar conveniente para alguien que esté buscando estabilidad y seguridad. Y con la falta de estabilidad que a veces viene al tratar de crearte una reputación, puede que necesites una base muy sólida. Elvis Presley, Karen Carpenter, River Phoenix, Kurt Cobain y John Belushi son unos cuantos buenos ejemplos de personas que se desequilibraron con la fama. La inseguridad puede hacer que la gente busque, de maneras fatales, un exceso de compensaciones.

Artículos de acción inmediata para Fama y Reputación

I. Quita de la sección de Fama todo tipo de agua que se pueda eliminar.

2. Añade mejoras si son necesarias.

| Fama y reputación en breve |

Herramientas de poder: fuego, luces, formas triangulares, madera, verde, televisor, objetos de formas rectangulares o columnares, artículos que representan fuego, vidrios de colores, animales y cosas hechas de animales, plantas, retratos u objetos relacionados con celebridades o personas a las que admiras, artículos de reconocimiento, lista personal de deseos, cosas que den ánimo, montañas reales.

Materiales peligrosos: agua, negro, cosas que simbolicen aquello que tú *no* eres, espejos.

Gua opuesto: Carrera

Parte del cuerpo: ojo

Número asociado: 1

capítulo 4

¿Por qué no nos llevamos bien todos?
— Relaciones y Amor

S i mueves tus cosas amorosamente en la esquina de Relaciones de acuerdo con la sabiduría del feng shui, puedes mejorar tu vida de muchas formas. Puedes:

- ⊙ encontrar a esa "persona especial"
- ⊙ hacer un compromiso sin miedo
- ⊙ casarte
- ⊙ volver a darle sabor a una relación
- ⊙ llevarte mejor con tu familia, tus amigos y tus compañeros de trabajo
- ⊙ aprender a confiar otra vez en las personas

Tomemos la palabra *relaciones*. La palabra raíz es *relacionar*. Aquí, la pregunta es: ¿en tu casa, cómo se relacionan las cosas entre sí? ¿En un nivel subconsciente, cómo afecta la forma en que te relacionas con los demás la combinación específica de artículos de tu casa? ¿Puedes relacionarte? ¿Todavía no? Bien. He aquí cómo funciona. Ante todo, necesitas encontrar la esquina de Relaciones. Es la esquina posterior a la derecha de la casa, entrando por la puerta principal (mira la Ilustración 18, y recuerda que el Capítulo 11 tiene soluciones para las partes que faltan). Entra aquí y aguántate bien: ¡es posible que esta noche no la pases solo!

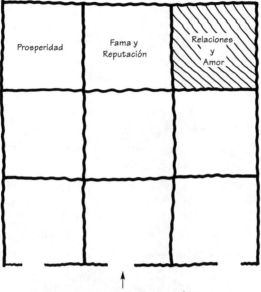

Sobre este lado del bagua siempre está ubicada la puerta principal de la vivienda o la habitación.

Ubicación de Relaciones y Amor en el bagua.

ILUSTRACIÓN 18

¿Tan sólo una varilla de combustible usada en el basurero de desechos tóxicos del amor?

¿La tristeza amorosa te está haciendo pensar en convertirte en un voluntario para pruebas en el tanque de pérdidas sensoriales? Ya estés buscando a tu mujer o a tu hombre ideal o, sencillamente, a alguien con quien relacionarte románticamente, he aquí algunas sugerencias para ayudarte en tu búsqueda de una buena relación.

Determinados colores y objetos reflejan el amor. El rosado, el rojo y el blanco son excelentes colores de Relaciones. Las flores y las formas de corazón son objetos perfectos de Relaciones.

(¿Ves? Después de todo, el Día de los Enamorados no es sólo una celebración para enviar tarjetas de Hallmark.) Sencillamente, mete todas esas cosas en tu esquina. Así de fácil. Puede parecer una locura, pero piensa en algo que no lo sea en el amor.

El amor no es una imagen, un sonido o un sabor (aunque en algunos casos lo puede ser). Es un sentimiento, algo emocional e intuitivo. La intuición es lo que hace que tu feng shui funcione. Así que mira alrededor de tu vivienda o habitación, y llégate a tu esquina de Relaciones. ¿Cómo se siente? ¿Hay allí amor? Probablemente no, porque si fuera así estarías en una cita con alguien en lugar de leer este libro. Enfoca tu energía en esta esquina tan especial, decórala cuidadosamente y ten pensamientos llenos de amor. Entonces, sucederán en tu vida cosas llenas de amor. Una vez conocí a una mujer que, luego de haber oído hablar del feng shui por primera vez, caminó hasta su esquina de Relaciones y tiró allí un par de *panties*. Se dijo: "Allá va, toma eso", y no volvió a pensar en eso. Un mes después, estaba felizmente casada con un millonario. ¡Podría sucederte a ti! Pero tienes que desearlo y tienes que hacer lo que sea para que suceda. Todo comienza con tomar conciencia y acción. Luces, cámara, acción: ahora eres la estrella de tu propia historia de amor (y tú mismo decides la clasificación por edad).

Prepárate para la avalancha de afecto que descubras en tu nuevo viaje de feng shui. Por momentos, puede parecer como un alud de amor, una ola gigantesca de sensualidad, un volcán de emociones. Ten en mente esta precaución: usa las herramientas con sabiduría y no en exceso. Demasiados amantes y demasiado amor pueden llevar todo un nuevo conjunto de problemas a tu vida. Entonces, vas a necesitar otro libro para resolver esos problemas.

¿Qué es apropiado para tu esquina de Relaciones? Mira.

Herramientas poderosas para Relaciones y Amor

Espejos   Amor es energía, y la energía es algo viviente. Controla esta energía lanzándola alrededor de la habitación, usando espejos. Ellos trabajan veinticuatro horas al día, extrayendo la luz y la energía para que puedas atraer a esa persona especial. Los que mejor funcionan aquí son los redondos.

Velas Las velas generan calor y energía. Calienta tu esquina y calienta tu vida amorosa. Trata de usar una para cada persona de la relación.

Bañera Se puede poner tan caliente y humeante como el amor.

Flores frescas Flores de dientedeleón arrancadas de una grieta de la acera, o rosas de tallo largo: si te parecen hermosas, fragantes o llenas de vida, aquí funcionan.

Y siguiendo en la categoría de las plantas: el muérdago es una selección obvia para el amor y las relaciones.

Piensa en el rosado El rosado suave, satinado, sensual. El rosado fresco, escarchado, decorado. El rosado se siente como el amor, así que déjalo que coloree tu esquina. Añade el conejito de Energizer si crees que es necesario seguir y seguir . . .

Cualquier cosa roja El poder está en el sentimiento que inspire el color. Los corazones rojos son obvios, pero usa lo que tengas: un pomo de cerezas de Marrasquino, una lata de sopa de tomate (funcionó para Andy Warhol), una bufanda de seda, una libreta de notas, un chile bien rojo.

Ropa interior ¿Necesita esto una explicación?

Sonidos sensuales Como cada cual tiene un gusto musical diferente, aquí puedes hacer más o menos lo que se te ocurra. Pero me atrevería a decir que una guitarra eléctrica estrepitosa o un solo de batería no van a poner al ch'i de Relaciones en una situación favorable.

Símbolos que para ti significan amor Vamos. Sé creativo. Tú puedes hacerlo. He aquí algunos de mis favoritos:

- Los muñecos Barbie y Ken en trajes formales de boda
- Barbie y el soldadito G.I. Joe
- fuegos artificiales
- materiales impresos con patrones de pieles de animales

- una botella de champán y dos copas
- una figurita decorativa de novio-novia de un pastel de boda
- en realidad, cualquier cosa en pareja: estatuas, parejitas de enamorados, plantas, luces, almohadas
- un tazón de parcha (maracuyá) o chocolatitos Hershey's Kisses

(Un hombre que conocí tenía encima de su cama un viejo anuncio amarillo de un elevador para esquiadores que decía *Los que vienen solos hacen pareja aquí.* A mí me parecía cursi, pero a él le funcionó.)

Igualdad Asegúrate de que hay igualdad a ambos lados de la cama (cualquiera que sea el gua en el que caiga dentro de la casa). Lo mejor son dos mesitas de noche iguales, aun —*y sobre todo*— si no tienes pareja. No tomes una de las mesitas para usarla en otra parte de la casa. Esto provocará un desequilibrio en la relación.

Materiales peligrosos para Relaciones y Amor

Imágenes negativas No oscurezcas tu esquina con pensamientos infelices. Pensar en ex amantes, icebergs, tallarines blandos, disturbios en la ciudad o la explosión del *Hindenburg* no ayudará a desarrollar pensamientos amorosos. Los pensamientos también son energía, muy relacionada a la energía del amor.

Cosas "antipáticas" Los cactos, las plantas atrapamoscas y las plantas malolientes no hacen declaraciones amorosas. Elimina también la colección de armas medievales.

Cosas "frígidas" El aire acondicionado y el refrigerador están trabajando en contra tuya si quieres una vida amorosa cálida.

Cosas "sin pareja" Si tienes que tener por ahora una cama para una persona, al menos invierte en una almohada adicional. Quita de esta esquina las fotos donde estás tú solo. Mira alrededor y observa si te has rodeado con símbolos "sin pareja", sobre todo de arte. No puedo decirte cuántas consultas de feng shui he hecho para mujeres solteras que buscan parejas, pero que han decorado toda la casa con objetos artísticos que representan mujeres solas.

Juegos   Tú no quieres estar jugando en tu relación, ¿verdad?

Suciedad   Crear una energía amorosa es difícil cuando tu esquina está llena de bolas de polvo, pedacitos de recortes de uñas y envoltorios viejos de golosinas.

Almacenaje   El espacio debajo de la cama parece el sitio perfecto para esconder el papel de envolver regalos de la época navideña, los esquíes y las maletas, pero si estás buscando una relación que no traiga mucho equipaje, limpia ese espacio. Tener el área de debajo de la cama llena de cosas es el monstruo que, de adultos, nos hace tener pesadillas.

Distracciones   Si tu televisor está en la esquina de Relaciones (sobre todo si sucede que ésta se encuentra también en tu dormitorio), puede que se esté interponiendo entre tú y tu pareja. Si tu computadora está ahí, puede que te sientas más interesado en navegar por la Red que en navegar en tablavela con la persona que amas. Si la guitarra de tu novio está ahí, puede que te encuentres aún amarrada a esa vieja canción, en lugar de encontrar una nueva.

Sin embargo, si estas cosas tienen que quedarse en ese lugar, envuélvelas, cuando no las estés usando, con una tela bonita apropiada para la esquina de Relaciones. Se dice que el color azul cobalto tiene propiedades que compensan el campo electromagnético, lo cual puede que sea una buena idea para todos esos cables de computadoras y pantallas.

Manténte dispuesto al cambio. El tipo de pareja que deseas puede que no sea la mejor persona para ti. Olvida las antiguas ideas sobre el amor. Si no funcionaron antes, ¿para qué llevarlas al futuro? Mantén los ojos bien abiertos para encontrar nuevas y mejores expresiones del amor. Puede que vengan de donde menos lo esperas.

Ten cuidado con lo que pides . . .

Sé de una mujer que no podía determinar qué era lo que estaba mal en su vida amorosa. Todos los hombres que atraía estaban casados. Es cierto, habrían sido perfectos si no hubieran estado casados, pero ella no quería ser la que rompiera un matrimonio. Me dijo que había seguido mi consejo, pero no le estaba funcionando. Meses antes, le dije que escribiera lo que estaba buscando en un hombre y que pusiera el papel en su esquina de Relaciones. Le pedí que me mostrara el escrito y tuve que reírme cuando leí la *pancarta* que había puesto en la esquina: ¡*Quiero un esposo!* Bueno, pues eso era precisamente lo que estaba recibiendo: ¡esposos!

Ten cuidado con lo que pides, porque puede que lo consigas exactamente como lo pediste. Si no conseguiste lo que querías, mira de nuevo para ver si fue lo que pediste. Puede que todo el error haya estado en el fraseo de tu pedido. "Esos" que satisfacen los pedidos, los leen literalmente.

De verdad, mis 17 gatos y yo estamos bien, no necesitamos a nadie más

Si estás empeñado en pensar que no necesitas a otras personas en tu vida y que tienes en casa, donde vives solo, todo aquello que necesitas, puede que te haga falta volver a echarle cabeza a las cosas. Tal vez sea bueno vivir como un ermitaño si todo lo que quieres es ver cómo te crece el pelo del cuerpo. Pero si eso proviene de miedo, desconfianza o ira, entonces debes comenzar a tratar de tener relaciones con otras personas. Vivir solo no fue positivo para Ted Kaczynski, el que mandaba bombas por correo, y tampoco será muy positivo para ti. Comencemos por permitir que la gente se sienta cómoda al acercarse a ti. Sal de tu dormitorio o de tu vivienda y mira, como si fueras un visitante, a lo que tienes que hacer para entrar. ¿No resulta claro cómo encontrar tu puerta? ¿Está el camino lleno de basuras y otros obstáculos que estorban a las visitas? ¿Falta la dirección o es confusa? Asegúrate de que, para llegar a ti, haya una ruta ordenada y que dé la bienvenida. Dale brillo al aldabón, pinta la puerta, coloca fuera una maceta con una planta con flores, abre las cortinas, haz de tu vivienda algo que invite a entrar.

Luego coloca fotos de personas felices en tu esquina de Relaciones. Mejor aun, que estén todos a tu alrededor. Mientras más, mejor. Si no tienes de esas fotos, recórtalas de revistas, sácalas de la Internet, o recorta los personajes cómicos de las cajas de los cereales. ¡Sencillamente, rodéate de gente! También puedes usar cualquiera de las antiguas curaciones tradicionales chinas del Capítulo 1, como colgar en la esquina una campanilla o un cristal, o colocar allí una planta saludable. Acostúmbrate al lugar y luego sale y métete en el mundo real. Tal vez si colocas el teléfono en esa esquina te sentirás inclinado a hacer llamadas que generen relaciones (no sigas llamando si sólo te consiguen relaciones de larga distancia). Ata una cinta roja en el cable del teléfono que viene de afuera para vigorizar el ch'i y estimular que lleguen más llamadas.

Gente, gente que necesita a otra gente . . . Escucha a Barbra Streisand acerca de esto.

> Siempre resulta una buena idea realzar el gua de Familia junto al gua de Relaciones. Esto ayudará a conectarte con personas que te tratarán como parte de su familia. Ya sea en los negocios o en medio de la dicha matrimonial, por lo general ayuda estar relacionado de esta forma (ver el Capítulo 9).

Échate atrás y nadie se lastimará

Si tu vida es un desastre debido a que hay una persona que no te deja tranquilo, prueba con esto: coloca un cacto en tu sección de Fama (repito: sección de *Fama*) con la intención exacta de mantener alejada de ti a esta persona *específica*. Aunque es una pesadilla de feng shui tener un cacto en la esquina de Relaciones, se puede usar en la de Fama. Las áreas de Fama y de Relaciones funcionan bien juntas porque el área de Fama ayuda a conseguirte respeto. Si usas el cacto allí, te respetarán y te dejarán en paz.

Si se trata de una persona con la que trabajas, trata de colocar un pequeño cacto en el área de Fama de tu escritorio (mira la Ilustración 3 en el Capítulo 13 para que veas la distribución del bagua del escritorio) con la intención de que ese compañero o compañera de trabajo te deje tranquilo. Si no estás seguro de cómo *poner la intención* para que esto suceda, sencillamente coloca el cacto en ese espacio y di en voz alta o para ti mismo: "Matilda (o quien sea), déjame tranquilo". Entonces, puedes reforzar el feng shui con algunas de las sugerencias descritas en el Capítulo 12. Recuerda: las matas de cacto se permiten en el gua de Fama, pero no en el de Relaciones.

Los espejos constituyen otra forma de desviar esos impertinentes de tu vida. Pero tienes que tener cuidado. Puede que des pie a soluciones que no tenías planeadas. Conozco a una mujer que había estado divorciada desde hacía más de un año y seguía compartiendo la misma casa y la misma *cama* con su esposo. Ella quería que él se fuera, de modo que colocó un espejo contra la pared que estaba directamente junto a la cabeza de él mientras estaba en la cama. Esto lo alteró tanto que él investigó, encontró el espejo y lo quitó de allí. Ella colocó otro espejo en ese sitio y, de pronto, él comenzó a dormir poniendo los pies en la cabecera de la cama. Lo último que supe fue cuando ella, feliz, me dijo: "Resuelto el problema. Compré mi propia casa y me mudé". Dejo a tu criterio que pienses si esta curación funcionó o no.

Mis compañeros de cuarto me están volviendo loco

Hablemos ahora de relaciones problemáticas con personas que no son amantes. Podrían ser hermanos, padres, amigos, compañeros de trabajo, la venenosa cajera del centro de compras . . . cualquier persona de tu vida cuyas vibraciones chocan con las tuyas.

Primero, trata una solución sencilla. Escribe sus nombres en un pedazo de papel, junto al tuyo. ¿Recuerdas los colores? Trata el rojo o el rosado. Tal vez recórtalo en forma de corazón. Colócalo en la esquina. Quizás hay todo un grupo de personas con quienes necesitas tener mejores relaciones. Escribe cada nombre en un pedazo de papel diferente (a menos que, por alguna razón, deban ir juntos).

Yo fui consultora en una peluquería en la cual había seis socios al mismo nivel. Aunque todos parecían emocionados con su aventura empresarial, estaban preocupados de que no siempre llegaran a estar de acuerdo en lo relativo a decisiones de negocios y de que necesitaran ayuda en sus relaciones en el futuro. Inmediatamente nos pusimos a trabajar sobre la situación. Todos los socios escribieron su nombre sobre la pared sin pintar y dibujaron alrededor de ellos un corazón grande antes de que se pintara la pared. Ellos saben que ese corazón estará para siempre debajo de esa pintura. Desde que se inaguró el salón ha pasado un año, ¡y todavía no ha habido problemas! De nuevo: ni siquiera tienes que ver el feng shui para lograr que trabaje en tu beneficio.

No siempre el segundón

Tal vez la pregunta que me hacen con más frecuencia en mi trabajo es: "¿Cómo encuentro a esa *persona especial*?" He aquí la respuesta: comienza con una limpieza completa de tu área de Relaciones. Si quieres limpiar toda la habitación o las habitaciones que caen en esta área, mucho mejor. Haz esto para limpiar todas las relaciones pasadas que no funcionaron.

A veces puedes usar instintivamente el feng shui sin siquiera saberlo. Mi amiga Melody botó de su casa todo aquello que fuera rosado, inclusive el teléfono, los platos y las prendas de ropa que tenían rosado. Le expliqué desde un punto de vista de feng shui lo que ella estaba haciendo y me dijo que, efectivamente, quería dejar de atraer al mismo tipo de hombre, que no era el que le convenía. Esto estaba realmente simbolizando: "Fuera con lo viejo, arriba con lo nuevo", con respecto a sus relaciones.

Otra cosa para hacer es examinar la cama y su ubicación en el dormitorio. Incluso si no es parte del gua de Relaciones del hogar, la cama afecta fuertemente el ch'i de Relaciones. De la misma manera que la estufa es un símbolo de Prosperidad dondequiera que esté en la casa, la cama simboliza Relaciones en cualquier sitio.

¿Qué es lo que dicen tu cama y tu dormitorio acerca de eso? ¿Son atractivos? ¿Dan la sensación de que hay espacio suficiente para otra persona en la habitación o en la cama? Si un lado de la cama está pegado a la pared, sepáralo y, tal vez, coloca una mesita de noche para el futuro o la futura amante. Decórala con cosas que crees que les pueden resultar agradables.

> La mejor manera de lograr resultados óptimos cuando estés creando tu área de Relaciones es tener presente que estás haciendo esto exclusivamente para la creación de una relación amorosa con alguien que resulte perfecto o perfecta para ti. Algunas personas tendrán que hacer un esfuerzo de fe, pero pedir "la persona perfecta para mí" en lugar de pedir una persona específica por su nombre dará como resultado la mejor pareja del mundo, lo que es mejor que la mejor pareja entre las personas que conoces ahora. Las posibilidades son mejores de la primera forma. Créeme.

Durmiendo solo en una cama doble

Como ya dije anteriormente, rodearte con cosas "sin pareja" no te conduce a una vida repleta de intereses amorosos. Presta especial atención a la esquina de Relaciones de tu dormitorio y asegúrate de que no estés enviando señales de "prefiero dormir solo o sola", si no es eso lo que prefieres.

Había una mujer que quería amor, pero tenía una pintura enorme de una mujer sola, con la vista baja y dirigida hacia ella, mirándola desde esta esquina de la habitación. Cuando se le explicó el simbolismo de estar sola, ella contestó: "Es interesante. Soy gemela y siempre he estado buscando una identidad personal. Desde que colgué allí esa pintura, me he sentido más autónoma con respecto a mi hermana gemela que antes". Desgraciadamente, también se hizo autónoma con respecto a todo el mundo. Una curación mejor sería usar otro artículo con una intención específica para conseguir más autonomía sólo con respecto a la hermana gemela.

| Ésa que llaman mi esposa |

Sara y Marty se enamoraron locamente y se casaron. Todo era perfecto. Decidieron tener un perro, pensando en que sería un buen entrenamiento para la responsabilidad futura de tener hijos. Se buscaron un bello *golden retriever* junto con todos los accesorios: juguetes, cepillos, comida y una linda camita. Llegaron a la casa y colocaron la cama del perro en una esquina del dormitorio de ellos, de manera que todos pudieran dormir juntos sin problemas. Por desgracia, la cama del perro la pusieron en la esquina de Relaciones. De repente, todo tenía que ver con el perro. No tardó mucho en que el animal se interpusiera entre la pareja, literalmente, en la cama que ambos compartían. Al principio les pareció simpático . . . el perrito era tan pequeño y cariñoso. Pero luego notaron que ellos no tenían ni el tiempo ni la energía para siquiera pensar en criar niños, ¡y qué decir de todo este asunto del perro! Después de todo, ¡él estaba asistiendo ahora a la escuela! Un día le pregunté a Marty si pensaban tener hijos, y me dijo que Sara y él estaban trabajando primero sobre su relación. Me sorprendí. Tuve que mirar a mi alrededor. Después de examinar la esquina de Relaciones, le dije enseguida lo importante que era esta esquina para su relación y que ellos habían creado una especie de triángulo con el perro. Él dijo que él también lo sentía así, y que ahora se había decidido a recuperar a su esposa. Cuando la cama del perro se cambió de lugar, también cambió la energía.

> Cualquier cosa que haya en la esquina de Relaciones junto a ti y tu pareja, se puede percibir falsamente como que es más importante que tu relación. Cuando menos, eso tratará de colarse entre ustedes dos en busca de la misma cantidad de atención.

Ahora están felizmente tratando de tener esos hijos que decían que siempre quisieron tener.

Yo quiero "cu-ch'i cu-ch'i"

Tal vez tienes una relación, pero estás tratando de darle más sabor a tu vida sexual. Quizás eres soltero o soltera y quieres tener un poco más que lo que has tenido últimamente. Sea como sea, hablemos sobre sexo: sexo caliente, pegajoso, seductor. Pero yo estoy diferenciando aquí el sexo de las relaciones amorosas de calidad, para así ilustrar mejor cómo lograr exactamente lo que deseas. Si el sexo es tu objetivo, coloca símbolos de placer físico —tales como libros de masaje, aceites, condones, revistas de pornografía, juguetes sexuales, ropa interior vulgar y afrodisiacos— en tu área de Relaciones. ¿Qué te parece encender una de esas velas de chakras sexuales?

Si tu pareja no es tan vivaracha como a ti te gustaría que fuera, coloca rojo debajo de la cama, tal vez una bufanda o tela roja debajo del colchón. El rojo es un activador de energía. Conozco a una mujer que puso rojo debajo del lado de la cama donde dormía su marido solamente porque ella pensaba que él necesitaba emparejarse con el apetito sexual de ella. Para su asombro, después de cerca de un mes, ¡tuvo que quitar el rojo porque él ahora era más juguetón que ella!

¿No tienes ninguna de estas cosas colocadas a tu alrededor para crear tu nido sexual? ¡Avergüénzate! Pues bien, recórtalas de revistas y haz un montaje en esa área. O coloca las imágenes en una caja secreta en este espacio. Pero si estás buscando algo exclusivamente físico, yo también pondría un poquito de picante en el área de Salud. Ve al centro de tu vivienda o de tu habitación y coloca algo que resulte atractivo tanto para tu salud física como para tu placer físico, como puede ser un lodo facial (recuerda, el elemento de esta área es la tierra). O tal vez enciende algunas velas largas, calientes, que derritan cera color carne (el fuego crea tierra). ¿Estás empezando a ver las posibilidades?

Y, finalmente, ya que necesitas la ayuda de alguien más para lograr tu meta sexual, puede que quieras darle un poco más de sabor a tu área de Personas Serviciales. Puedes ser todo lo extravagante que quieras. Una solución sencilla es escribir "tengo a mi disposición relaciones sexuales maravillosas", en un pedazo de papel colocado en esta área. El color del bagua para el área de Personas Serviciales es plateado o gris, así que coloca el papel en una caja plateada si tienes una. Una manera extravagante consiste en tener en esta área una escultura cromada o plateada de parejas fornicando. Una forma económica es usar papel de aluminio alrededor del papel con la petición. Haz lo que vaya mejor con tu estilo de vida y tus finanzas.

Trata de satisfacer cada uno de tus sentidos cuando estés creando tu nido de amor. He aquí algunas ideas fáciles:

- ⊙ *olfato* . . . velas con olor o lociones, flores frescas (no desodorizadores de lata).
- ⊙ *tacto* . . . terciopelo, seda, borlas, cuero, plumas (no se permiten las manos ásperas y secas).
- ⊙ *oído* . . . música, olas marinas, tormentas, crujir del fuego (nada de deportes en la televisión).
- ⊙ *vista* . . . iluminación suave, ropas interiores sensuales (nada de montones de ropa sucia ni fotos de mami).
- ⊙ *gusto* . . . chocolate, crema batida, champán, fresas (pasa la aspiradora sobre las migajas de galletas que están sobre la cama desde ayer, por favor).

Nuestra conformación kármica está diseñada de manera que venimos a esta tierra para servirnos y amarnos a nosotros mismos tanto como a nuestros semejantes. Por favor, ten claro en tu mente que si escoges el sexo por el sexo mismo, selecciónalo por la pura alegría del placer físico o de tu habilidad de complacer a otra persona físicamente, no por poder, control, dominación o por problemas de autoconfianza. Estas condiciones pueden hacerte producir un karma adicional que debe ser resuelto en otro momento.

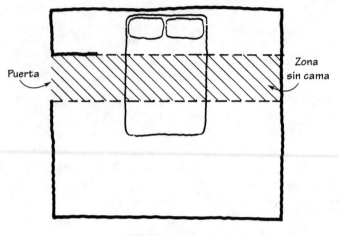

Puerta en línea directa con la cama
ILUSTRACIÓN 19

| La puerta de mi cuarto nunca se cierra |

El sitio donde duermes tiene un impacto enorme sobre tu energía personal. Puede afectar tu salud, tu actitud mental y tu vida amorosa tanto como cualquier otra cosa. Recuerda: incluso si el dormitorio no está en el gua de Relaciones, aun así puede afectar las relaciones. Cosas alrededor de tu cama a las que debes prestar atención:

Puertas   Si una puerta está en línea directa con tu cama (ver la Ilustración 19), puede que estés experimentando problemas de salud en el área del cuerpo que está más cerca de la puerta. Si está a los pies de tu cama, tus pies pueden oler mal o puede que tengas debilidad en los tobillos o las canillas. Si la puerta da a la mitad de la cama por un lado, tal vez experimentes problemas con los órganos de ese lado (si descansas sobre la espalda en la cama), o la persona que duerme en ese lado puede que tenga problemas de salud en ese costado. Saca la cama de este alineamiento. Si no hay alternativa y la puerta está a los pies de la cama, trata de colocar un baúl a los pies de la cama y de poner algún tipo de espejo dentro, dirigido de frente hacia la puerta, para reflejarla fuera de la cama.

Otra alternativa consistiría en colocar artículos rojos en el baúl para hacer el flujo más lento. ¿No tienes baúl? ¿Qué tal un banco o una silla roja? ¿No tienes muebles? Pega una cinta adhesiva roja a lo largo de los pies de la cama.

Además, trata de no colocar la cabecera de la cama contra la pared sobre la cual está la puerta. No te conviene que nadie te asuste mientras duermes. Si ésta es la única ubicación que tienes, coloca un objeto brillante o un espejo en un sitio que refleje la puerta hacia ti mientras estás en la cama (ver Ilustración 20).

Ventanas No coloques la cabecera de tu cama debajo de una ventana. ¿A quién le hace falta que se aparezca Romeo a asustarlo a medianoche cuando venga a tocar en la ventana? Si no hay alternativa, pon un artículo rojo (o un símbolo, como un perrito *Doberman pinscher* pequeñito) sobre el alféizar para que te proteja. Las contraventanas de madera también pueden resultar útiles.

Travesaños Siempre que un travesaño o viga visible atraviese tu cama, te está cortando esa parte del cuerpo. Estoy hablando de travesaños estructurales, no de haces de luz o de

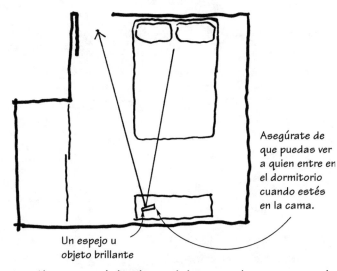

Asegúrate de que puedas ver a quien entre en el dormitorio cuando estés en la cama.

Un espejo u objeto brillante

Curación para cuando la cabecera de la cama está contra una pared que tiene una puerta
ILUSTRACIÓN 20

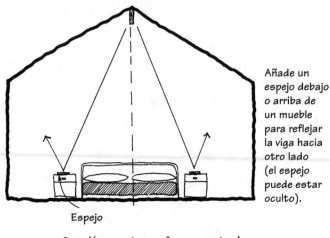

Añade un espejo debajo o arriba de un mueble para reflejar la viga hacia otro lado (el espejo puede estar oculto).

Espejo

Curación para travesaños que cortan la cama
ILUSTRACIÓN 21

láser. Pueden producirse problemas serios de salud. Si corre entre el lado de tu cama y el de tu pareja, vas a tener que usar la mayor parte de tu energía combatiendo ese travesaño, el cual te está separando de tu pareja (ver Ilustración 21). Si los travesaños son inevitables, coloca un espejo en tus mesitas de noche, mirando hacia arriba para aligerar la carga de ese travesaño sobre ti. Otra curación más decorativa sería tomar un

Cuando hay travesaños en el techo, crea un suave dosel sobre la cama con una tela bonita.

Otra curación para travesaños que cortan la cama
ILUSTRACIÓN 22

pedazo de tela del tamaño de la cama y clavarla al techo, directamente sobre la cama, como si fuera una tapicería que cubre el techo (tal vez con ornamentos o borlas en los puntos donde está clavada). Entonces, cuando mires hacia arriba desde la cama, verás una tela romántica y elegante parecida a un dosel de cama, y no travesaños semejantes a flechas (ver Ilustración 22).

Una curación final es dibujar flechas en los costados de los travesaños, apuntando hacia arriba. Raro, ¿verdad? "¡Lánzame el rayo, Scotty!"

Techos   Trata de no poner tu cama debajo de un techo inclinado. Dondequiera que el techo baje en pendiente, tu energía se aplasta (ver Ilustración 23). Por ejemplo, si el techo se inclina en dirección de la cabecera de tu cama, puede que sientas malestares tales como dolores de cabeza, falta de memoria y problemas de sinusitis. De nuevo: en algún sitio coloca espejos que miren hacia arriba (debajo o sobre una mesita de noche, y en lugares así) si ésa es tu única opción para colocar la cama.

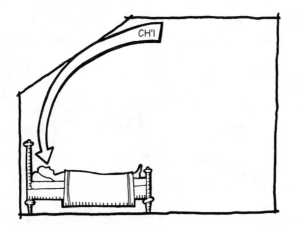

La parte de la cama (cabecera, costado o pie) que está
debajo de un techo inclinado es la parte del cuerpo que
queda aplastada por un ch'i negativo.

ILUSTRACIÓN 23

Esquinas salientes (que crean ch'i de flecha)   Si tu dormitorio tiene una esquina que sobresale hacia el interior, trata de evitar que apunte hacia tu cama. Utiliza una de las curas descritas en el capítulo anterior, como colocar una planta en la esquina; o trata de borrarla visualmente colgando un móvil o un cristal frente a la esquina.

Espejos   Si te sientas en la cama y ves tu reflejo en un espejo frente a ti, trata de bloquearlo. Esos clósets de puertas de corredera con espejos a todo lo largo pueden aterrorizarte en medio de la noche. Cuelga cortinas que se puedan correr sobre las puertas por la noche, o trata de usar un biombo plegable.

Si tienes espejos en el techo . . . termina con los años setenta.

Elementos   ¿De qué está hecha la cama? Tal vez el elemento principal con que está hecha la cama está trabajando contra ti. Así que vamos a jugar a "piedra, papel y tijeras" con ese elemento.

Una cama de madera está bien en casi todos los sitios, excepto en el medio del dormitorio, donde la madera desarraigaría la sección de tierra (añade amarillo, rojo o blanco si es ésa tu única opción). No coloques una cama de metal en la sección de Familia de la habitación, ya que el metal corta la madera. Ella va mejor en la sección de Creatividad. Saca esa cama de agua de la sección de Fama. Va mejor en la sección de Familia, donde el agua alimenta la madera.

Recuerda, el bagua de una habitación se encuentra de la misma forma que el bagua de toda la casa: alineando los guas de Habilidades y Conocimiento, Carrera y Personas Serviciales a lo largo de la pared donde está la puerta.

¿Qué es lo bueno que puede salir de esto?

Yo tuve una clienta, Meranda, que me llamó para hacerle el feng shui a su casa antes de que su esposo, Rob, regresara del hospital. Los médicos le habían tratado una costilla fracturada y problemas intestinales (sí, él tenía el ch'i de la puerta del baño apuntando hacia él en el área de la cama donde ponía la cadera).

Mientras estaba en el hospital, Rob comenzó a imaginarse cosas y a tener ataques de paranoia. Finalmente, lo querían dejar en el hospital, no por sus problemas originales, sino debido a sus nuevos problemas mentales.

Yo puse todo mi esfuerzo en el trabajo de la casa y, milagrosamente, Rob mejoró y lo dieron de alta. Rob mejoró tanto que los médicos se quedaron asombrados. Le dijeron que siguiera haciendo lo que fuera que estuviera haciendo.

Casi recuperado por completo, él decidió resolver un asunto. Mientras conducía, se involucró en lo que fue, al principio, un accidente de menor importancia, en el cual dio con la cabeza sobre la ventana del auto. Desde todo punto de vista, el accidente no parecía gran cosa, pero colocó a Rob en un ciclo de problemas de salud en el que sus enfermedades, aparentemente sin importancia, acabaron con su vida. (Mirando en retrospectiva, Meranda piensa que Rob estaba destinado a morir en el hospital, pero debido al feng shui ella logró un tiempo adicional junto a él.)

Pero la historia no termina ahí. Durante el año después que Rob falleció, Meranda eliminó poco a poco las cosas de Rob y comenzó a hacer pequeños cambios en la vivienda. Luego de un año más o menos, ella decidió volver a arreglar el dormitorio y comprar un colchón nuevo. Mientras movía el escaparate, encontró la billetera de Rob, uno de sus últimos efectos personales que todavía quedaba en la casa. Un año antes, a ella se le había perdido. Pero ahora ya podía liberarse de todo esto. Simbólica y energéticamente, cerró una puerta, lo que le permitió abrir otra. Con la excepción de unos cuantos muebles, el dormitorio (y el ch'i) era ahora totalmente diferente de cuando Rob estaba vivo.

Entonces Meranda, que había sido criada como católica (Rob era judío), decidió convertirse al judaísmo. Ella y Rob habían considerado la conversión cuando él estaba vivo, pero él pensó que no era necesario. Un día, mientras estaba en la sinagoga, ella comenzó a conversar con un señor de Londres que estaba visitando a un amigo en la ciudad. Pronto descubrieron que estaban en el mismo caso con respecto a haber perdido sus cónyuges. El señor británico le preguntó si podría verla antes de irse.

"La única razón por la que estuve de acuerdo fue porque sabía que dentro de poco él volaría de regreso a Londres. No había pasado por mi mente salir con nadie", confesó Meranda. Ambos se hicieron casi inseparables durante el tiempo que él se pasó en Estados Unidos y desde entonces han estado en contacto por teléfono con bastante frecuencia.

Aunque toda su familia y su exitoso negocio están en Londres, hace poco él compró un condominio cerca de la casa de ella en Estados Unidos. "Hemos decidido ver qué pasa", dijo Meranda. Ella terminó nuestra conversación diciéndome: "Nunca pensé que podría ser tan feliz como lo soy ahora".

Las enseñanzas de esta historia son:

1. Cuando es tu hora de partir, es tu hora (tal vez un poquito feng shui ofrezca un poco más de tiempo).
2. Mantente al tanto de las oportunidades. Si el señor inglés no hubiera sido inglés (sino sólo un visitante), dice Meranda, ella lo hubiera rechazado, desvinculándose del flujo universal. Habría desaprovechado su oportunidad para la felicidad sin siquiera saberlo.
3. Si piensas que el feng shui ha dejado de funcionar en tu beneficio debido a que algo terrible ha sucedido, piénsalo de nuevo. Aunque te sea imposible ver nada bueno en un evento tan trágico, confía en que el universo lo puede.

El amor es una energía. La energía es una cosa viviente. Por tanto, para vivir plenamente todos necesitamos dar amor y recibir amor. Y si tú has dedicado tiempo a trabajar el feng shui de tu esquina de Relaciones, ya eso no es una esquina. Es un altar al *amour*. Ahora, cada vez que mires hacia allá, tendrás pensamientos llenos de amor. Y como tus pensamientos son también energía y están muy relacionados a la energía del amor, cuando tengas pensamientos amorosos, cosas llenas de amor comenzarán a suceder de manera natural en tu vida.

"Entra . . . ¿Me das tu ropa?"

Ya que estamos en el tema de las camas, cuando entres por la puerta principal asegúrate de que lo primero que ves no sea la cama. Si estás en un apartamento tipo estudio o en una habitación de estudiante, coloca un objeto que llame tu atención al entrar, para que la primera mirada no caiga sobre la cama. Trata de colocar un biombo plegable entre la cama y el resto del apartamento durante el día, o trata de hacerla lucir como un sofá, con accesorios como almohadas y mesitas a los lados. Si tienes que pasar por tu dormitorio para ir a otras partes de la vivienda, como el baño, aplica la misma cura para que tu vista caiga en otro objeto y no en la cama. Desde un objeto artístico de calidad hasta un frasco resplandeciente lleno de coloridas presillas de pelo, usa la imaginación para hacer que funcione en tu beneficio. Hacer que tu cama no se vea a la primera mirada no sólo ayuda a evitar atraer demasiada energía sexual en la vida de uno; también ayuda si duermes demasiado —dormilones, anoten esto.

Jamás volveré a confiar

Si aún quedan cenizas donde hubo amor en tu última relación y sientes que preferirías meterte en un foso lleno de lava antes que establecer una nueva, escucha. Suena como si esa vieja tecla de la confianza estuviera trabada y necesitara un poco de lubricante. Confiar en otra persona con todo tu corazón conlleva riesgos. Es como un recorrido en la montaña rusa sin el cinturón de seguridad: cuando menos, vas a tener magulladuras. Pero el amor *consiste* en confiar, y sin amor ni confianza el recorrido de la vida parece, en cierto modo, falto de sentido. Claro, podrías decirte: "Vamos, ¿a quién le hace falta que lo traten mal? No a mí. Voy a sentirme bien leyendo libros de feng shui y haciendo crucigramas durante el resto de mi vida".

Si vas por la vida buscando lo peor en todo el mundo, *créeme*, lo vas a encontrar. Es asombroso cuán poderosas son tu ac-

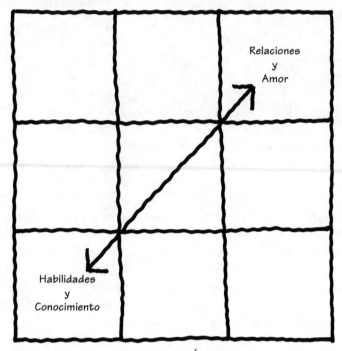

ILUSTRACIÓN 24

titud y tu percepción cuando se trata de confrontar las experiencias de la vida. Mira mi caso, por ejemplo. Yo me llamo a mí misma "una campista del hotel Hyatt". Mi idea de pasarla sin comodidades es que me digan: *No hay servicio en las habitaciones.* Pero a otras personas les encanta dormir con la ropa, en el suelo, hacer un hoyo para usarlo de inodoro y lavar los platos en el arroyo. Son percepciones diferentes. Así que, ¿qué hacemos ahora?

Vamos a trabajar sobre la percepción. Arregla tu área de Relaciones: un área llena de trastos atrae malas relaciones. Comienza haciendo un lugar donde te llenes de vigor y cariño a ti mismo. A menudo, cuando no confías en los demás, en realidad no confías en ti mismo. Date tiempo para desarrollar dentro de ti el sentimiento de confiar en tus decisiones. Tal vez lo que hace falta es una afirmación relativa a la confianza. Cambia ese disco rayado de la mente que dice algo así como: "Nadie se preocupa verdaderamente por mí", por "Experimento el amor dondequiera que estoy".

Asegúrate de ocuparte de la esquina de Habilidades y Conocimiento. Es el gua opuesto a Relaciones y Amor (ver Ilustración 24). Coloca también en esta área algo que te recuerde la confianza, para contrapesar la energía en toda el área. Tal vez escribe una afirmación como: "Confío en mí mismo y en el universo para tomar las mejores decisiones a favor mío" o "Ya no necesito y ahora libero la experiencia que ha creado falta de confianza", y colócala en el rincón.

Ahora, vamos a la pared de Fama y Reputación y hagamos allí algo adicional. Esta área del bagua está asociada con el valor, el cual puede ser justamente lo que se necesita para comenzar este proceso. Una vela rosada es la respuesta fácil para esta curación, ya que el fuego es el elemento para este gua y el rosado es el color para el gua de Relaciones que está a su lado. Toma una de esas velas de siete días y enciéndela si necesitas un impulso para empezar.

La pista de los órganos

Sigue la pista de la lógica con esto: el área de Relaciones está asociada con todos los órganos del cuerpo. Corazón / relación, ¿entiendes? Por eso, si hay un problema con el corazón o con cualquier otro órgano no musical, realza esta área para mejorarlo (por supuesto, no dejes de ir al médico).

Hacen falta dos para bailar el tango

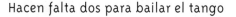

El número 2 tiene la esencia de las relaciones, por razones obvias. Si vives en una casa 2, probablemente te llevarás bastante bien con tu pareja, tu cónyuge o tu compañera o compañero. También tendrás poca necesidad de depender en absoluto de los demás (lo cual puede ser bueno o malo, dependiendo de cómo lo mires).

En lo que respecta a las relaciones, la dirección más difícil donde se puede vivir —como ya probablemente has adivinado— es el número 1. Manténte vigilante en cuanto a tus mejoras si quieres tener una relación y vives en una casa 1.

Artículos de acción inmediata para Relaciones y Amor

1. Elimina todo lo que esté marchito o muerto.
2. Revisa tu cama y tu dormitorio en busca de ch'i de flecha y otros errores de feng shui.
3. Añade las mejoras que sean necesarias.

Relaciones y Amor en breve

Herramientas de poder: espejos, velas, bañera con agua caliente, flores frescas, el rosado, el rojo, ropa interior, sonidos sensuales, símbolos que para ti significan amor, igualdad.

Materiales peligrosos: imágenes negativas, cosas "poco amistosas", cosas "frígidas", cosas "sin pareja", juegos, suciedad, almacenamiento, distracciones.

Gua opuesto: Habilidades y Conocimiento.

Parte del cuerpo: todos los órganos principales del cuerpo.

Número asociado: 2

capítulo 5

Exprésate — Creatividad e Hijos

sar la imaginación con tus cosas en el área de Creatividad e Hijos del hogar puede producir cambios en tu vida. Tú puedes:

◉ ser capaz de concebir y tener hijos.

◉ encontrar realización y satisfacción con una afición o un trabajo.

◉ tener ideas mejores y más creativas para cada situación.

◉ desarrollar un proyecto en el que estás atascado.

◉ mejorar tus relaciones con tus hijos.

◉ hacerte sentir más cómodo al mostrar el lado infantil de tu personalidad.

◉ crear "algo de nada".

◉ crear eficiencia en una compañía.

◉ prevenir el proceso de envejecimiento.

Es hora de ser creativo. ¿Estás listo? Este capítulo puede ser muy divertido porque mientras más imaginativo seas con tus curaciones, más se activa el gua, lo cual, a su vez, te permite ser más creativo, y así sucesivamente.

Te preguntarás: ¿Por qué Hijos y Creatividad están amontonados en una sola área de la casa? La razón es que los hijos son la personificación de la creación. Ellos son el epítome de la transformación creativa de la energía y el propósito en materia. Pero no pienses que esta área de tu hogar tiene que ver solamente con tener hijos. Este sitio de tu casa puede ayudar con la creatividad personal en tu trabajo, tus aficiones, tu toma de decisiones, la moda, relajación y el automejoramiento, así como con tus relaciones con tu familia, tus amistades y, sobre todo, tus amantes. Pues, vamos a ver, ¿a quién no le hace falta un poco de creatividad en su vida amorosa?

Los niños piensan libremente, como si todo fuera posible. Ellos no conocen limitaciones. Esos encantadores chiquillos les preguntan continuamente a los adultos: "¿Y por qué?", porque ellos, de manera natural e instintiva, piensan: "¿Y por qué no?". Ellos aún no han sido programados para definirse negativamente, como la mayoría de los adultos. Ellos expresan sus pensamientos, no importa cuán políticamente incorrectos sean, a quien ellos quieran. No temen dibujar un árbol con hojas azules o un caballo con la cabeza rosada . . . hasta que algunos adultos lleguen a aplastar su libertad creativa.

Si esta área se realza correctamente, puede que te sea posible retomar de nuevo tu creatividad infantil. De tu puerta de entrada, salta al área ubicada en el medio de la pared que está a la derecha de tu hogar (ver Ilustración 25). Ahora estás en el mismo medio del centro de Creatividad de tu hogar. Mírala con tus nuevos ojos de feng shui. ¿Qué te está diciendo acerca de ti? Si vieras todas estas cosas en la casa de otra persona, ¿pensarías que esa persona es libre para expresarse a sí misma o ser creativa? Si no, he aquí lo que puedes usar para que eso sea posible.

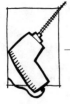

Herramientas poderosas para Creatividad e Hijos

Metal El metal es el elemento para esta área del hogar; así que, mientras más metal, mejor. Algunos amigos míos que colocaron en esta área una sonaja de plata de bebé encontraron los

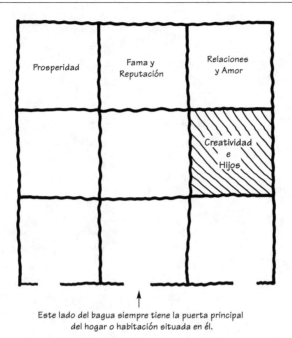

Prosperidad

Fama y
Reputación

Relaciones
y Amor

Creatividad
e
Hijos

Este lado del bagua siempre tiene la puerta principal
del hogar o habitación situada en él.

Ubicación de Creatividad e Hijos en el bagua

ILUSTRACIÓN 25

dos procesos de adopciones que llevaron a cabo inusualmente fáciles. Un arquitecto paisajista amigo mío hizo que un herrero creara dos candelabros de hierro con forma de lirios para esta pared de Creatividad. Si esta área cae en la cocina, puedes hacer que tus ollas y cacerolas te ayuden a hacerte más creativo en lo que cocinas. Algunos de los mejores artículos que he encontrado para anunciar la nueva creatividad en un hogar son instrumentos musicales, campanas de metal y campanillas movidas por el viento. Asegúrate de que los sonidos te resultan agradables.

¿Vives en un motel o en una habitación de estudiante y no tienes ese tipo de cosas? Coloca aquí tus monedas sueltas, utensilios de cocina, marcos de metal y joyeritos. Recuerda pensar en los objetos de una manera literal cuando los escojas: una caja de metal para herramientas puede llevarte a hacerte conocido por tu talento como "arréglalotodo" de la casa. Si eso no te importa, no hay problema. Si te importa, busca otro pedazo de metal (latón, bronce, cobre, oro, hierro, plata y acero inoxidable son algunos de ellos).

Blanco   El color de Creatividad es el blanco. Busca a tu alrededor las cosas blancas que pueden activar tu lado creativo. ¿Tienes leche? Si tu cocina está en esta área, puedes usar tu envase de leche para hacerte pensar más creativamente, como lo hacen los niños. Bebe leche de un tazón. Bébela y ríete con ganas hasta que se te salga por la nariz. Y no olvides las galletitas de trigo y las de chocolate con vainilla.

Conozco a alguien que se compró un automóvil blanco para el garaje de su zona de Creatividad. ¡Qué enorme pedazo de metal blanco!

Piensa en una galería de arte con las paredes blancas: está lista para acomodar un número ilimitado de estilos y materiales. ¿Está tu espacio libre para que fluyan en él tus ilimitadas posibilidades creativas, como en una galería? Piensa ahora en una habitación de paneles oscuros con una alfombra chocolate-parda de pelo largo y un techo tan bajo que puedes estirarte y tocarlo con la mano sin pararte en las puntas de los pies. Los únicos pensamientos creativos que saldrán de quienes están en una habitación como ésta son planes de salir lo más pronto posible. Busca un equilibrio para Creatividad en tu habitación.

Cosas redondas   En feng shui la forma para el metal es redonda, o circular. ¿Habrá llegado el momento de buscar un reloj redondo de metal para la pared? Si no, examina tu casa para encontrar cosas redondas y ponlas allí: cojines redondos para el sofá, latas redondas para los gabinetes. Tengo una lámpara de piso redonda y blanca de metal en mi área de Creatividad. Claro que esa colección de Frisbee funciona aquí. Y también la colección de platos. Un amigo mío aficionado a las actividades al aire libre cuelga aquí dentro su costosa bicicleta. ¿Habrán pensado los chinos en radios redondos de metal y ruedas para las bicicletas cuando idearon estas cosas?

Tierra Recuerda que la tierra crea metal en el Ciclo Creativo. Así que, hazte creativo con la tierra. Una planta en una maceta redonda de cerámica llena de tierra es una gran mejora del ch'i para esta área. Una clienta mía tenía uno de esos llaveros pequeñitos con una bola del mundo tirado por ahí sin realizar ninguna función. Lo colocó en su librero de metal para ver qué pasaba. A los seis meses había conseguido un nuevo puesto en su trabajo, en el cual era necesario viajar por todo el mundo, lo que era un sueño secreto suyo. Ahora dice que fue su llavero lo que le abrió la cerradura de su sueño de ver el mundo. En el próximo capítulo encontrarás que el gua contiguo a éste incluye Viajes. Parece que ella elevó tanto el ch'i que se le derramó sobre las áreas adyacentes de la vivienda.

Amarillo Ya que el color amarillo representa la tierra, es apropiado ponerlo aquí. Esas macetas redondas de cerámica que tienes allá arriba estarían aun mejor si estuvieran pintadas de blanco o amarillo. Una clienta mía que quería tener un niño, colocó tres plantas en pequeñas macetas amarillas (representando a su esposo, a ella y a un hijo) en su área de Hijos. Con tu imaginación, intención y cosas como cortinas toallas o platos amarillos, puedes ayudar a crear tu vida ideal.

> El poder de la intención realmente no tiene fronteras ni limitaciones, excepto las que nosotros les ponemos.

Cosas planas o cuadradas En términos de feng shui, estas formas representan tierra. Si las colocas aquí, añades tierra al espacio. Si tienes cerca una mesita de café de hierro fundido, pon intención para que trabaje en beneficio de tu creatividad. Si trabajas con computadoras, guarda tus discos de tres pulgadas y media y tus discos compactos en esta área. Los marcos de metal cuadrados resultan perfectos colgados en estas paredes. Mi hermano tiene un juego de ajedrez de mármol que funciona a su favor —un juego tanto para niños como para adultos—, lleno de cuadrados y hecho de uno de los materiales más bellos de la Tierra.

Televisor Éste es el mejor lugar para ver los dibujos animados del sábado por la mañana.

Juguetes y juegos Y con el televisor viene el Nintendo y el PlayStation. Cualquier juego —sobre todo tus favoritos— puede ayudar a activar esta área del hogar. El único problema con esto: si tu espacio de Creatividad cae dentro del dormitorio principal de la casa, asegúrate de que las cosas que tienes allí no son demasiado juveniles, y de que en tu relación no estás jugando ningún juego.

Caramelo Los sabrosos recordatorios de la alegría de la niñez pueden despertar en todos nosotros el niño que llevamos dentro. Desde melcochas y caramelitos azucarados hasta Skittles y Nerds, escoge la golosina dulzona que más recuerdos te traiga. Éste es un lugar excelente para el surtidor de caramelitos o la colección de tarjetas de las gomas de mascar.

Trucos de magia Estos juegos son especialmente buenos debido a que se necesita mucha imaginación para crearlos y ejecutarlos. Si te gusta la magia, coloca aquí tu sombrero y tu varita.

Fiestas Como la de Fama, esta área adora la energía de una fiesta. Así que, adelante, celebra esa fiesta de pintura del cuerpo con la que has estado soñando desde que la mencioné anteriormente. (Consejo: ¡usa pintura de agua!)

Música Enciende el estéreo y llena el espacio con creaciones musicales. Esta área aceptará gustosa cualquier estilo musical, desde sonidos suaves hasta rock intenso. Receptores, bocinas y colecciones de música contribuyen con la energía creativa en este espacio.

Arte Este símbolo consumado de creatividad funciona como ninguna otra cosa en esta área. Escoge algo que te guste para que sea tu símbolo de la imaginación.

Aficiones o artesanías A menos que se trate de hacer malabarismo con antorchas llameantes (no te conviene que el fuego derrita tu metal), aquí tú puedes ser muy creativo con tus aficiones y artesanías.

Cama ¿Estás buscando algunas posiciones nuevas y creativas? Entonces muévete hacia la posición de Creatividad de tu habitación.

Bombillos o luces Lo que esto simboliza es tener ideas brillantes. Asegúrate de que estén enchufadas y que funcionen bien. No tienen ni siquiera que estar encendidas para que te ayuden a ser creativo.

Campanas Una campana de metal es un modo fantástico de realzar tu creatividad. Si se le da la intención correcta, una campana puede hacer muchas cosas. Puede estimular la creatividad, enfocar la atención, convertirse en un utensilio de advertencia, interrumpir la negatividad o hasta dar las gracias.

> En el feng shui, los timbres y campanas no tienen que estar sonando, las campanillas de viento no tienen que estarse moviendo y los cristales no tienen que estar reflejando luces para que funcionen en tu beneficio.

Si colocas una campanilla en el área de Creatividad de tu escritorio (ver Ilustración 13, Capítulo 3, para el plano de un escritorio), ella estimulará la creatividad en los negocios, las habilidades y el conocimiento, y enfocará tu atención sobre la tarea del momento. Si lo que buscas es protección, coloca un timbrecillo encima o dentro de lo que sea que estés tratando de proteger: tu billetera, portafolio, computadora portátil, vehículo o la puerta del frente de tu hogar. Este minúsculo e inocente sonido puede ser muy irritante para la persona que esté pensando en robar.

Toca un timbre o una campanilla en compañía de personas que necesitan llegar a una decisión. Acortará el tiempo de manera significativa. A mi amiga Susan le pidieron trabajar con un determinado diseñador que se demoraba mucho en tomar decisiones. Estaban trabajando en un proyecto importante y de gran envergadura. La indecisión de él estaba afectando al trabajo de ella y posponiendo las fechas de entrega. Susan enganchó una campanilla a su chaqueta y cada vez que ella necesitaba que él tomara una decisión, tocaba la campanilla. Como si hubiera sido entrenado por el propio Pavlov, él respondía rápidamente a las preguntas de ella y, para su propio asombro, muy creativamente. Las conversaciones que ambos sostenían eran "claras como el sonido de una campana". Susan jura que el proyecto jamás se habría terminado si no hubiera sido por la campanilla.

De la misma forma que los maestros de antes solían tocar una campana para reunir a los chicos u obligarlos a prestar atención, toca una campana para hacer que los compañeros de trabajo o los amigos dejen de chismear o de murmurar de los demás. Pruébalo. Míralos cómo se detienen, miran la campana y detienen el curso negativo de sus pensamientos. Claro, pensarán que te falta un tornillo en la cabeza, pero, ¿qué importa? ¡De verdad que funciona!

Una campanilla también puede ser una excelente herramienta en los negocios. Hazla sonar para anunciar el final de una transacción o para anunciar una gran venta. ¿Recuerdas la campanilla de las antiguas cajas registradoras? Las campanillas estaban sonando con el dinero en efectivo que entraba en la caja y dándole una especie de agradecimiento al cliente . . . una experiencia mucho más agradable que los pitidos de escáneres y los zumbidos de computadoras de hoy día.

Matthew compró una peluquería que estaba en decadencia. En su nuevo salón, las manicuristas siempre estaban peleando, insultándose las unas a las otras como niños en un área de juegos. Los peluqueros no tenían entusiasmo, lo que causaba que hubiera muy pocas clientas. Él sabía, desde que lo compró, que el salón necesitaba ayuda. También sabía que podía confiar en que el feng shui cambiara esta situación.

Siguiendo el consejo de su consultor de feng shui, compró una campanilla. Se la dio a la recepcionista y le dijo que la tocara cada vez que le diera un turno a una clienta. Las manicuristas chismosas se detenían en el medio de sus conversaciones y, por lo general, no volvían a hablar hasta pasado un rato. Finalmente, todos se emocionaban cuando oían el campanazo, preguntándose si el turno era para ellos. En poco tiempo, la campana estaba sonando muchísimo y los empleados se sentían positivos y entusiasmados con estar trabajando allí. Pronto, Matthew tuvo ganancias. Lo único que había cambiado en la ecuación entre propietarios exitosos y fallidos era la presencia de una campana.

Símbolos de creatividad   Una pintura realizada por un niño con los dedos es uno de mis artículos favoritos para expresar creatividad. Dedica un momento a pensar qué tipo de afirmación quisieras hacer en tu hogar. He visto realzadores del ch'i que incluyen de Mozart a Madonna, de pirámides egipcias a la pirámide de cristal del Louvre creada por I. M. Pei. Toma tu poema o tu música favorita y acomódalos allí. Todo se trata de lo que tú creas que es lo máximo en creatividad, así que no te preocupes acerca de lo que piensen los demás.

Símbolos de niños   Si estás tratando de llevar niños a tu vida por medio de la adopción o teniendo uno naturalmente, realza esta área del hogar con cosas que den la ilusión de que ya los niños están allí. Una pareja de Teletubbies bien situada puede hacer más de lo que te imaginas. (Si no sabes lo que son los Teletubbies, te vas a llevar una sorpresa cuando lleguen los niños.)

Materiales peligrosos para Creatividad e Hijos

Por supuesto, si hay cosas buenas que poner en este espacio, también debe haber algunas cosas no tan buenas. He aquí algunas de las peores:

Fuego   Aquí no es bienvenido el elemento que derrite los metales. Si tienes una chimenea en esta área, eso representa peligro para tus metales. La curación que se usa con más frecuencia para este problema es colocar un espejo que domine visualmente a la chimenea. En términos de feng shui, estás colocando agua sobre fuego. También es útil tener una rejilla de metal en el frente de la chimenea, o tal vez tener el espejo en un marco de metal. Para hacer una curación creativa, una amiga de la Florida colocó su pecera dentro de la chimenea, ya que usaba ésta muy poco. Una fila de vasitos sobre la repisa —cada uno de ellos con agua y una sola flor— constituye una cura impresionante y divertida. Los patos y peces tallados en madera también pueden aludir al agua. Una pintura con negro o azul como el color dominante introduce simbólicamente al agua fresca. Las velas no constituyen buenos elementos para la repisa en este sector.

Una clienta mía que gastó una gran cantidad de dinero y tiempo tratando de salir embarazada colgó en su sección de Hijos una fotografía histórica de unos tres pies de largo. Desdichadamente, era del terremoto de San Francisco en 1906, llena de casas en llamas. En otras palabras: nada de desastres, por favor.

Cosas rojas El rojo mantiene caliente esta área . . . y eso no le gusta al metal. He visto un kimono japonés de seda roja colgado sobre una chimenea en esta área, lo cual, al cabo del tiempo, "quemó" los sueños de una pareja de tener su propio negocio.

Objetos triangulares o puntiagudos Como éstas formas representan fuego, es preferible dejarlas fuera de este espacio. Cómete tu tazón de Doritos en otro lugar, amigo mío.

Cuando sopla el viento del feng shui, la cuna se mecerá

La incapacidad de concebir y tener hijos ha sido una parte tan significativa de mi práctica de feng shui que voy a detenerme un poco sobre este tema. Dada la impaciencia de aquellas personas que desean un bebé, he aquí algunos consejos genéricos de feng shui que se pueden usar para concebir:

⊙ No barras debajo o alrededor de la cama. Ya que lo que te hace falta es que la energía se asiente, no la remuevas mediante la aspiradora. Limpia el área del dormitorio suave y lentamente, según sea necesario. Un consejo útil: córtate las uñas fuera del cuarto.

 Realza la sección de Hijos de la casa con artículos para un nuevo bebé. Debes darle a cada artículo la intención de ser "para el bebé que ya está en camino". Usando estos objetos, visualiza intensamente al bebé. Si estos artículos sólo te recuerdan que deseas lo que no tienes, eso atrasará el proceso aún más.

 Coloca en el dormitorio un objeto espiritual o religioso que se pueda ver desde la cama. Haz esto con la intención de rendirte a un poder superior (por ejemplo, Madre e Hijo).

 Afirma tu deseo. Si te estás dejando llevar por tu negatividad y, tal vez, por la negatividad de otras personas y no tienes esperanzas de salir en estado, di algo como: "Mi aparentemente imposible deseo ahora se realiza y lo inesperado sucede. Gracias por el regalo de crear una nueva vida dentro de mí". Dilo una y otra vez hasta que te lo creas. Libérate de todos los pensamientos incompatibles con esto.

He sabido de mujeres que frotan una estatua de la fertilidad y juran que funciona, y he sabido de gente que se gasta US $40.000 en cosas para la fertilidad y no pasa nada. Haz un inventario interno de lo que te dice la mente con relación a este asunto. Si está diciendo: "No hay esperanzas, nunca voy a salir embarazada", vas a tener que luchar muy duro para conseguirlo. Lucha con afirmaciones.

 No claves clavos en tu casa ni hagas ninguna renovación importante mientras estás tratando de concebir. Repito: esto agita la energía y también hace la casa inestable temporalmente.

 Llena un tazón con agua hasta la mitad. Sácalo fuera durante la noche y colócalo bajo la luz de la luna durante tres horas por lo menos. Éntralo y colócalo bajo la cama, cerca del área del abdomen de la mujer. Haz esto durante nueve días. Fortalece el feng shui con las visualizaciones y bendiciones explicadas en el Capítulo 12. (Este ritual, considerado una curación tradicional, basa su funcionamiento en las intenciones extendidas y en la energía yin de la luna.)

Dale la bienvenida a los conejitos

Una amiga mía fue consultora de una clienta que se mudó a una casa a la que le faltaba la esquina de Creatividad e Hijos. La clienta tuvo un aborto espontáneo después de mudarse y también estaba pensando en cambiar de carrera porque ya no se sentía inspirada: era diseñadora de ropa de infantil. ¡Es difícil ser creativa en el diseño de ropa infantil si falta la sección de Creatividad e Hijos en tu casa!

Cuando la consultora salió de la casa para ver qué era lo que realmente faltaba de la pieza, la dueña le dijo: "Cuando me mudé para acá, dos conejos habían decidido hacer de esta área su hogar, y hasta tuvieron conejitos aquí. Pero empezaron a comerse las plantas, así que llamé a alguien para que se los llevara". Desde el punto de vista del feng shui, los conejos eran exactamente lo que ella necesitaba: objetos que se movían, vivientes, *que procreaban.* Pero ella los sacó de allí. Los conejos en realidad estaban equilibrando el hogar, pero ella no lo sabía y viró su suerte en su contra.

Regresaron adentro y la consultora le pidió a la dueña que meditara y les dijera a los conejos que lo sentía, y que los invitara de regreso. También le dijo que los alimentara si volvían, para que así no tuvieran que comerse las plantas. Ambas meditaron sobre eso inmediatamente. Volvieron afuera de la casa y se encontraron allí un conejito que las miraba desde una esquina del terreno. Bueno, lo adivinaste. Los conejos salvajes regresaron y dos semanas después la propietaria no sólo se sentía inspirada en su carrera; también tomó un empleo nuevo que le permitía tener su propio departamento, lo cual significaba más libertad creativa, algo con lo que ella siempre había soñado.

¿Demasiado de lo bueno?

Una amiga mía —una colega consultora de feng shui— estaba desesperada por tener un bebé, pero no lo conseguía. Cada vez que su especialista en fertilidad le decía que no estaba embarazada, añadía mejoras a su área de Creatividad e Hijos. Al cabo, ella se sintió abrumada por todo este proceso. Otra consultora de feng shui la visitó un día y notó que mi amiga tenía demasiadas curaciones en la sección de Hijos, haciéndola lucir fuera de proporción y desequilibrada. "He aquí un caso de 'demasiado de lo bueno que puede ser malo para ti' ", le dijo la consultora. "Esta es la razón por la que te sientes abrumada." La consultora también notó que había 15 recipientes vacíos, desde teteras de plata hasta búcaros y otras vasijas, en el área del comedor de los niños; ella sugirió que las llenara, tal vez con cosas de niños. Mi amiga y su esposo escribieron sus deseos de tener un hijo y los colocaron en dentro de las vasijas. También le pidió al hijito de una amiga que le diera algunos juguetitos para colocarlos dentro. En seis semanas (después de haberse pasado meses anteriormente trabajando con un especialista en fertilidad) estaba en camino de ser madre. En el momento en que escribo esto, ella está embarazada de nuevo . . . sin necesidad de médicos.

Si uno es bueno, ¿son veinte mejor? No necesariamente. Encuentra el equilibrio.

Zambúllete en la Fuente de la Juventud

¡Hazte a un lado, alpha hydroxy, que ha llegado un nuevo recurso de antienvejecimiento! Se llama *usar el feng shui en la zona de Hijos y Creatividad.* Crees que estoy bromeando, ¿verdad? Bueno, pues no. Si puedes mejorar esta área en tu vivienda, podrás crear una diferencia en la manera en que envejeces . . . ¡y ni siquiera necesita ser aprobada por la Administración de Alimentos y Medicinas!

Haz algunas pruebas por ti mismo. Observa a los ancianos. Te apuesto que encontrarás que aquéllos que no tienen aficiones ni intereses lucen y actúan como si fueran mucho más viejos que los que sí los tienen. Está bien, olvida los pasatiempos por un momento. Piensa en una persona con una derrotista actitud de "a mí no me queda nada por descubrir", y una que tenga un ansia de aprender, joven o vieja. En resumen, o estás saboreando el vino de la vida, o marchitándote en él. Supe de un estudio en el cual colocaron a algunas personas ancianas en un ambiente que era una copia de sus ambientes cotidianos cuando tenían veinte años —música, decorados, y así— y no sólo comenzaron a actuar de manera más juvenil, sino que también empezaron a regenerar nuevas células en el cuerpo, cuando se suponía que no eran capaces de hacerlo. ¡Esos viejitos estaban fabricando células de personas de veinte años! Qué diferencia puede producir un ambiente, ¿no es cierto?

Así que, si aplicas este tipo de forma de pensar a tu feng shui, especialmente al área de Hijos y Creatividad, tú puedes lograr una gran diferencia en la manera en que envejeces. Busca unas cuantas cosas que hicieron cantar a tu corazón en el pasado y dales un poco de espacio en el presente. Ya sea la música de las grandes bandas, paletitas de Kool-Aid, o una cuerda para saltar, si te rodeas de estos recordatorios juveniles puedes literalmente retardar el proceso de envejecimiento. No estoy abogando aquí por vivir en el pasado, sino solamente por crear un medio ambiente que te haga sentir vivo y joven.

Un gotita de prevención

A una clienta, Alexandria, le faltaba en su nueva casa la sección de Hijos y Creatividad. Toda su sección de Hijos caía sobre una patio exterior donde había una parrilla para asar carnes. Aunque el patio iba a usarse como un área de juegos al aire libre para sus tres hijos, el ch'i estaba estancado y en su contra. La pieza faltante creaba una condición de debilidad para su hogar . . . ¡y no hablemos de la influencia de la parrilla, derretidora del ch'i!

Plantas con flores
amarillas y blancas
con piso de concreto
en cuadros añaden
elementos de tierra
y metal.

Enterrar aquí
una cinta o cuerda
roja simbólicamente
completa la pieza
que falta.

Puerta del frente

Curaciones para cuando falta el gua de Creatividad e Hijos
ILUSTRACIÓN 26

Alexandria me pidió que ayudara a la familia con el diseño de su paisaje. Éstas fueron mis sugerencias:

1. Completa el espacio enterrando una línea de cuerda roja a través del borde de la pieza que falta (ver Ilustración 26).
2. Coloca en macetas plantas que den flores blancas y amarillas.
3. Asegúrate de que una planta tenga un olor fragante que penetre en la casa.

4. Colorea el concreto con un color tierra y divídelo en cuadrados.

Hasta ahora, todo va bien.

Ésta es solamente una teoría mía, pero yo me atrevo a especular que en los hogares donde los hijos se van demasiado temprano, se escapan o hasta llegan a perderse, la sección de Hijos del hogar falta físicamente o tiene un feng shui muy pobre.

| Colorea tu mundo... | comenzando por el clóset

Ahora seamos creativos con la ropa.

Cada color posee su propia vibración. Y con esa vibración viene su poder. Aprovecha ese poder, usando intencionalmente colores específicos en circunstancias específicas. Mezcla y combina para obtener exactamente lo que quieres de la vida.

Negro   Es un color misterioso. El negro es profundo. El negro es seductor. Usa el negro cuando estés de un humor reflexivo o si deseas enfocarte en el sendero de tu vida. ¿Tienes Prozac? Este color puede deprimir a algunas personas, así que vigila cómo te sientes antes de usar negro.

Azul   Tiene la habilidad de calmar interiormente a las personas. Esto es necesario para encontrar los pensamientos más internos; por eso es el color de Habilidades y Conocimiento. Úsalo cuando medites. Úsalo si necesitas establecer una comunicación clara con alguien (como para romper una relación o pedir dinero). Evita este color si te sientes triste.

Verde   Es tranquilizante, algo que todas las familias quieren sentir cuando están juntas. Este color de la fotosíntesis puede renovar la vida en algo que parece muerto y aburrido. Usa verde si tienes empeño en "cultivar" la familia, o simplemente si estás en un estado de ánimo comunitario. Éste también es un color excelente para sanar.

Morado   Es el color de la nobleza. Todo el mundo puede usar un poquito del poder del morado. Si faltan dos días para el día de pago, siéntete rico y como un rey usando morado.

Rojo   Es, sin duda, una atrevida afirmación. Es el color de la sangre, un signo de fuerza. Usa rojo en una situación en la que necesites poder adicional, como cuando estás negociando un aumento de salario o comprando un automóvil.

Rosado   Nos recuerda el rubor de una mejilla, la suavidad de la piel, lo cual nos puede llevar a mejorar las relaciones. Aumenta el romance en tu vida . . . cubriéndote de rosado. Evita este color en situaciones en las que necesites poder.

Blanco   Es el color universal porque contiene, realmente, todos los colores; por ello, es el color del infinito y del pensamiento interminable, o de la creatividad. Yo creo que la creación nació del blanco, no del negro o de la oscuridad, como algunos quisieran creer. Usa blanco para traer orden a tus ideas creativas o para sobresalir con pensamientos de altura.

Gris   Está entre el blanco y el negro. Es lo que lleva el proceso del pensamiento a la acción. Por eso es el color entre Creatividad y Carrera. Es la acción de la creatividad. Usa gris si estás en medio de un proyecto y quieres terminarlo.

Amarillo   Es el color que nos ayuda a enfocarnos en la tarea que nos ocupa, en la Tierra, en nuestra residencia temporal. Usa amarillo para asentarte, para enfocar la atención o para animarte.

| Los hijos: una gran parte de la familia |

No hay que hacer un esfuerzo muy grande para ver cómo el gua de Creatividad e Hijos y el gua de Familia trabajan entre sí (ver Ilustración 27). Son guas opuestos y pueden usarse de todo tipo de maneras para realzarse el uno al otro. Imagínate un hijo desafiante o un padre abusador y casi podrás ver vívidamente la

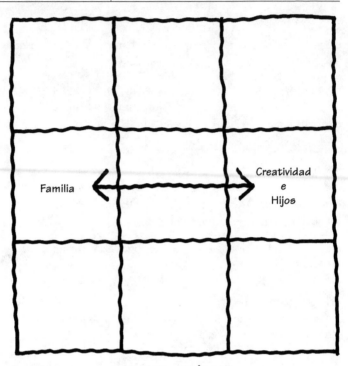

Familia

Creatividad
e
Hijos

ILUSTRACIÓN 27

fricción y el ch'i de negatividad que está creando un distancia-
miento en su vida.

Coloca un objeto simbólico, con toda tu intención, en la
sección de Familia para realzar el gua de Creatividad e Hijos.
Dale la intención de que te ayude a resolver una pelea familiar o
a liberarte de asuntos de familia, si eso constituye un problema
en tu vida. Úsalo también si sientes que un miembro de tu familia está aplastando tu creatividad y no permite que brille a plenitud todo tu espíritu creativo.

Lávales la boca con jabón

La parte de Hijos y Creatividad del hogar también está asociada
con la boca. Asegúrate de realzar esta área del hogar si alguien

que vive allí tiene piezas dentales muy sensibles, encías en mal estado, llagas en la boca u otros problemas de ese tipo (como mal aliento. ¡Ahhh!).

Lo que piensa un niño de tres años

El número 3 lleva consigo la esencia de Creatividad y está asociado sobre todo con esta área del hogar. Si te fijas, la mayoría de los niños de tres años preguntan constantemente "¿Y por qué?", debido a que aún no han aprendido ningún tipo de limitación. Si tú vives en esta vibración, te encontrarás menos intimidado por las limitaciones, ya que tienes confianza en formular una solución creativa a los retos de la vida. Diviértete con esta solución, pero chequea con la realidad de vez en cuando . . . porque "estar demasiado fuera de los límites" es el problema del 3.

Otro modo de usar estos números es colocar esa cantidad de herramientas de poder en un gua específico para cambiar algo en tu vida. Por ejemplo, añade tres fotos de tus hijos con marcos de metal en el gua de Creatividad e Hijos, con una intención específica. Esto realza aún más tus mejoras de feng shui.

Artículos de acción inmediata para Creatividad e Hijos

1. Cuelga un espejo sobre las chimeneas.
2. Vuelve a colocar todas las velas que estén ahora en esta área (y trata de ponerlas en la zona de Fama o de Salud).
3. Despeja cualquier cosa que se sienta atascada o que esté literalmente bloqueada por otra cosa en este gua (puertas, gavetas, muebles, pasillos).
4. Añade las mejoras que sean necesarias.

| Creatividad e Hijos en breve |

Herramientas de poder: metal, blanco, cosas redondas, tierra, el color amarillo, cosas planas o cuadradas, televisor, juguetes y juegos, caramelo, trucos de magia, fiestas, música, arte, pasatiempos y artesanías, cama, luces, campanas, símbolos de creatividad, símbolos de niños.

Materiales peligrosos: fuego, rojo, objetos triangulares o puntiagudos.

Gua opuesto: Familia

Parte del cuerpo: boca

Número asociado: 3

capítulo 6

911 — *Personas Serviciales y Viajes*

on las pequeñas minucias de la vida las que dan lata con tanta intensidad, como ese día en el que la tintorería pierde tu traje, justo en la misma y precisa fecha en que lo necesitas. O qué tal cuando ese fulano en el enorme todo-terreno se apodera del espacio en donde te disponías a aparcar . . . como si no te hubiera visto esperando ahí, pacientemente, con tus señales intermitentes activadas. Es capaz de echarte a perder el día entero.

Cuando te suceden estas cosas y te incomodas, tu energía se está utilizando lo mismo que se utiliza la de la batería en ese nuevo juguete el día de Navidad. Ésas son las pequeñas picadas de pulga de la vida: no amenazan tu existencia, pero de vez en cuando tienes que dejar lo que estás haciendo para rascarte. Vaya distracción. Qué pérdida de valiosa energía. ¿Acaso es en verdad mucho pedir que se le trate a uno con justicia y honradez? Considera este capítulo como el repelente de esa pulguita en tu vida.

"Pequeñas filtraciones hunden buques." En otras palabras, no se necesita de mucho para privarte de tu energía, y cada cosita cuenta.

La ayuda puede estar disponible siempre si utilices los siguientes secretos del feng shui.

Ayuda el área de Personas Serviciales y Viajes de la casa y mejorarás tu vida de las maneras siguientes:

- ⊙ Te encontrarás con que se te está tratando de manera más justa y honesta.
- ⊙ Te encontrarás en el sitio apropiado y en el momento adecuado de manera más consistente.
- ⊙ La gente adecuada estará más disponible y dispuesta a ayudarte o a enseñarte.
- ⊙ Las cosas funcionarán de manera más llana.
- ⊙ Viajar se volverá menos estresante, menos caótico y más divertido.
- ⊙ Tu intuición o guía divina se volverá más fácilmente accesible.
- ⊙ Lograrás hacer más, porque no lo estarás haciendo todo por ti mismo.
- ⊙ Sentimientos como "si yo no lo hago, nadie lo hará" o "siempre me toca a mí hacerlo", desaparecerán.

"Personas serviciales, ¿qué es eso?", me preguntó alguien. Esa mujer sentía como que si el peso del mundo siempre estuviera sobre sus hombros cada vez que ella necesitaba que se hiciera algo. "No es tampoco como si no tuviera dinero para pagar a la gente, porque sí lo tengo. Aún así, en estos días no puedo conseguir buena ayuda." Si compartes el sentimiento de esta mujer, es muy probable que el área de Personas Serviciales y Viajes de tu casa no está en equilibrio.

Deja que la gente ayude . . . eso es bueno

Puede que algunas personas no se percaten de que hay un problema. O bien siempre lo han hecho todo por sí solas y no saben nada mejor, o se deleitan en la sensación de culpa que infligen o en la aprobación que reciben por manejarlo todo por sí mismas. La vida no se trata de emprender las cosas por si solo siempre. Se trata de servir a otros y de permitir que otros sirvan. He aquí una nueva forma de apreciar esta situación: al actuar solos, no están permitiendo que otros extiendan las alas y crezcan, para ayudarles. ¿Acaso eso los hace sentir mejor a algunos de ustedes?

Yo lo sé todo sobre esta situación. Yo me enorgullecía de hacerlo todo por mí misma. Consideraba el permitir que otros me ayudaran como una señal de mi propia debilidad. Prefería pararme en una silla tambaleante sobre una mesa para colgar las persianas que pedirle ayuda al vecino, que tenía una escalera. Sí, señor, yo era disciplinada. Sí, señor, yo era independiente. Pero déjenme decirles, por supuesto que también estaba solitaria. Y si alguien me ayudaba, me sentía obligada en exceso a devolverle el favor. No les permitía que, simplemente, fueran bondadosos y generosos conmigo. No, yo tenía que cocinarles un apetitoso banquete, literalmente arrojarles dinero en el rostro o guardar, mentalmente, la cuenta de los favores que yo debía. No estaba correspondiendo a la bondad ni a la generosidad . . . estaba, desesperadamente, tratando de mantener las cosas parejas. Así, pues, manténganse atentos ante señales como éstas, porque si ustedes están viviendo así no están siguiendo el flujo de la vida.

Ahora, volvamos a aquéllos que lo están haciendo todo por sí mismos y que saben que eso no es divertido. Hay un sitio en la casa que les puede ayudar; hay que hacer que ese sitio funcione y la gente comenzará a trabajar de inmediato. Está ubicado en la esquina anterior derecha de la casa, cuando se entra por la puerta del frente (ver Ilustración 28, página 140). Hay que llegar hasta allí y mirar lo que hay. Que la comparen con la siguiente lista de herramientas poderosas y materiales peligrosos, y luego sabrán qué hacer sobre cómo evitar su propia emergencia como para llamar al 911.

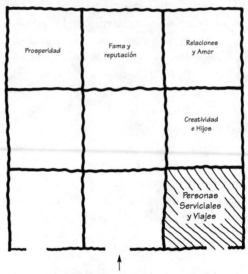

Prosperidad	Fama y reputación	Relaciones y Amor
		Creatividad e Hijos
		Personas Serviciales y Viajes

Este lado del bagua siempre tiene la puerta principal
del hogar o la habitación ubicada sobre él.

Ubicación en el bagua del área de Personas Serviciales y Viajes

ILUSTRACIÓN 28

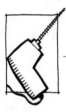

Herramientas poderosas
para Personas Serviciales y Viajes

Recipientes de plata   La plata funciona bien en este gua. En vista de que esta área está próxima a la de Creatividad y Carrera, tanto el metal como el agua funcionan bien aquí. Mi respuesta sencilla ante la falta de plata o de metal aquí es que se use papel de aluminio.

Si quieres establecer este rincón de por vida de la manera más eficiente, yo te sugeriría lo siguiente:

Coloca tres recipientes para tres tareas distintas a fin de atraer a gente servicial en algún sitio cercano (recuerda, no tienen que estar en exhibición para el público). Lo ideal para esos tres recipientes sería tener una cajita de plata con tapa (de plata genuina, plateada o hasta una caja de madera pintada de plateado), un sobre de plata lo bastante grande para guardar documentos (consíguelo en una venta de papelería fina o hazte uno de papel de aluminio) y un recipiente grande, como una bolsa de víveres de papel o una caja (píntalos de color plateado, si quieres). La cajita de plata se utiliza para aquellos asuntos que necesitan solucionarse ahora mismo (de tres días a tres semanas). Este recipiente debe tener tapa. Yo prefiero esas cajitas para joyas con terciopelo rojo en su interior (acuérdate: el rojo puede activar algo). Este recipiente guardará papeles con los nombres de personas o proyectos en ellos. Así, pues, por conveniencia, haz que la caja sea al menos del tamaño de tarjetas de presentación. Como norma, no coloques más de tres peticiones en este recipiente en una sola oportunidad. He aquí, como ejemplos, las peticiones que yo tengo actualmente en mi cajita:

"Los agentes de reservaciones de Delta Air Lines me ayudan muchísimo." El mostrador lo cerraron antes de que yo pudiera comprar el boleto que había reservado y la tarifa subió. Mañana tengo que ir a la oficina de venta de boletos. "Sólo atraigo para mí al personal perfecto de atención médica." Estoy en busca de ayuda para el tratamiento de mis alergias.

El segundo recipiente es un sobre plateado lo suficientemente grande como para contener documentos en hojas tamaño oficio (de aproximadamente 9x12 pulgadas). Las ventas de papelería fina tienen este tipo de sobre. Si es plateado o gris, mucho que mejor. También puedes usar una de esas bolsas de papel de aluminio hechas para cocinar. Este sobre se utiliza para las cosas que duran meses (libretos, contratos, invitaciones). Acuérdate de tirar un artículo con algo para lo que ya hayas recibido la ayuda adecuada.

El tercer recipiente es para lo que permanece durante mucho tiempo: tu médico, los clientes de tu negocio, tus mentores, tu árbol genealógico. Puedes, básicamente, colocar ahí dentro de ese recipiente los nombres de todas aquellas personas a quienes conoces.

El motivo por el que sugiero utilizar recipientes específicos es que estos tres (o tantos como quieras de estos tres, según lo necesites) te recordarán qué son cada vez que los veas. Y este recordatorio es el pensamiento que atrae la energía valiosa. ¿Comprendes?

Gris   El color gris es el mejor color para esta área. Como te darás cuenta, este gua está ubicado entre los guas de Creatividad (blanco) y de Carrera (negro), de la misma forma en que el gris es una combinación del blanco y el negro.

Cualquiera y todas esas cosas que son grises están invitadas a quedarse por ahí para conseguir a gente valiosa en tu vida (bueno, excepto aquellas cosas como las canas desperdigadas).

Símbolos de seres serviciales, objetos religiosos   Bien se trate de seres humanos o de seres de otra era o dimensión, enrólalos como persona servicial, colocando aquí un símbolo de ellos. Colócalo con la intención de hacer que te ayuden en tu vida. En esta esquina he visto imágenes de la madre Teresa o de Jesucristo, del Dalai Lama o de Martin Luther King Jr., de John F. Kennedy, Quan Yin y la Virgen María. Aquí también he visto ornamentaciones de ángeles navideños utilizadas a lo largo del año. El doctor Wayne Dyer, Tony Robbins, Laura Schlessinger y Deepak Chopra han agraciado esta esquina mediante sus libros y grabaciones, como también los nombres de predicadores y maestros, y tarjetas de presentación de acreedores y corredores de bienes raíces. ¿Quién quieres tú que te ayude?

Campanas   Piensa en una agradable campanita que repica para servicio. Cuando colocas aquí una campana, tu petición será escuchada.

Agua   El agua es un símbolo del espíritu; de hecho, es buena ayuda.

Manos   Manos que ayudan constituyen un adorno apropiado para este espacio. Un simple trazo de una mano sobre papel puede utilizarse con la intención apropiada. Si has comprado una de esas manos de artificio activadas por batería populares en el Día de las Brujas, quizá puedas reciclarlas en esta zona.

Símbolos de lugares favoritos Si anhelas viajar a un sitio en particular, coloca una foto de este sitio en este espacio. Puede lo mismo tratarse de una cabaña en un lago cerca que de un paraje exótico a miles de kilómetros de distancia: cualquier cosa que haga que tu corazón cante cuando pienses en estar ahí.

Materiales peligrosos para Personas Serviciales y Viajes

Basura ¿Quién quiere estar todo el tiempo alrededor de un montón de basura? La gente valiosa no. Esa gente está obsesionada con la limpieza. Una pila de desechos en esta área de la casa les pondrá obstáculos para negociar, llevándose, por lo tanto, más tiempo para ayudarte. Limpia ese enorme refrigerador. El tanque para buceo y esas muletas de repuesto también puedes tirarlos. Toda foto que no esté colgada en la pared también debería estar en la acera de enfrente, con un enorme rótulo que diga *Gratis para un buen hogar*. En serio, nada de basura aquí.

Desagües Si hay en esta esquina un enorme desagüe de baño, puede que no sólo esté impidiendo que gente valiosa se aloje ahí, sino que también puede estar socavando el respaldo que necesitas para prosperar. Puesto que este gua está directamente opuesto al área de Prosperidad, tu abundancia está sumamente afectada por él. El respaldo y la gente valiosa son usualmente vitales para hacer dinero. Hasta quienes se han hecho millonarios por esfuerzo propio obtuvieron muchísima ayuda de parte de otros para llegar hasta donde se encuentran. Si Martha Stewart no contara con todo ese fabuloso equipo de ayudantes, ¿crees que sería capaz de llevar a cabo todos sus logros? Si Bill Gates no estuviera en el lugar preciso en el momento adecuado y recibiera la ayuda de sus empleados y otros inversionistas, ¿podría en verdad haber amasado tanto dinero? Sin gente dispuesta a pagar por carcajearse, ¿le pagarían a Jim Carrey toda esa pasta que recibe por hacer muecas? Bien, olvidémonos por un segundo de los millonarios. ¿Estaría yo aquí, escribiendo este libro, si mi esposo no ayudara pagando las cuentas de todo un año? ¡Gracias, cariño! A veces es bueno detenerse a ver de dónde está proviniendo toda tu ayuda y seguirle la pista a la ruta por la que circula el dinero para llegar hacia ti.

Volviendo a los desagües. Fíjate atentamente y estudia en dónde podrían ellos estar afectándote en tu vida. En realidad, no son precisamente cosas destacadas en ninguna parte. Asegúrate de inspeccionarlos a lo largo y ancho de tu casa; no se trata sólo de un problema en el gua de Personas Serviciales. Si se trata de un desagüe en el lavabo, ata un moño de cinta roja alrededor de la tubería de desagüe (ver Ilustración 29). Si es un desagüe en la ducha o en el piso, bien usa un tapón decorativo o pinta de rojo alrededor del que ya existe (puede ser pintura esmaltada, aplicada con un pulverizador) o mantén el desagüe tapado siempre que no esté en uso. También, coloca espejos en el área (orientados en cualquier dirección) para mantener al máximo el ch'i. Estas pequeñas curaciones pueden lograr una enorme diferencia en la circulación del ch'i en tu hogar. Todo el mundo puede beneficiarse de esta sencilla técnica. Así pues, si estás drenado de dinero, amigos, amantes o salud, o tienes cualquier otra mala suerte, saca la

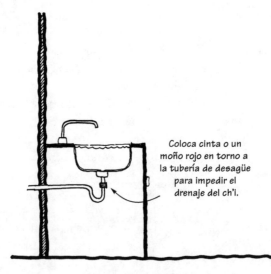

Coloca cinta o un moño rojo en torno a la tubería de desagüe para impedir el drenaje del ch'i.

Curación para los drenajes
ILUSTRACIÓN 29

cinta roja. Ah, y si estás tan quebrado que no tienes un solo dólar para gastarlo en la compra de cinta, ve a una tintorería y pídeles un poco. Por lo general son lo bastante generosos con su cinta roja y ni siquiera hacen preguntas.

Materiales peligrosos para la esquina de Prosperidad Todas las cosas nocivas mencionadas en la lista de materiales peligrosos del capítulo de Prosperidad tampoco son buenas aquí. Para recapitularlas: la suciedad y el polvo, objetos rotos, latas de basura, inodoros y recuerdos de cuando se estuvo en la insolvencia o de otras épocas difíciles. Las latas de basura y los inodoros son las únicas cosas que tú verdaderamente podrás necesitar en tu casa; el resto deberías tirarlos a la basura. Aprovecha las latas de basura y los inodoros de la mejor manera posible, manteniéndolos tan limpios y agradables como te sea posible; lo apestoso de nada sirve. Fija por ahí un Stick-Up aromático si necesitas uno.

Conéctate — La magia de enlazarte

En los negocios, como en otros sectores de la vida, lo que cuenta no es lo que tú sabes, sino a quién tú conoces. Y es el quién lo que esta parte del hogar refuerza. Lo mismo si se trata de los clientes que mejor pagan o de una nueva pista para un empleo, trabajar en esta parte de tu casa puede ahorrarte mucho trabajo luego. Cualquiera de las mejoras en herramientas poderosas para Prosperidad colocadas en esta área pueden funcionar, pero utilizar el nombre específico de una persona puede rendir resultados muy específicos.

Tom sabía que su jefe lo iba a hacer papilla por asignaciones dudosas en su informe de gastos. El jefe le pidió que llegara la reunión de gerentes del día siguiente para discutirlo. Tom le preguntó a mi amigo consultor, Nate, qué debía hacer. Él sugirió colocar el nombre de su jefe en la cajita de plata en su esquina de Personas Serviciales. Entonces, le dijo a Tom que, cualquiera que fuera el resultado, sería justo.

Al día siguiente, cuando Tom llegó a la reunión, su jefe, sin mediar pregunta alguna, le dio una cuenta de gastos aún más grande.

El motivo por el cual Nate y yo sugerimos colocar nombres específicos aquí (y en los ejemplos siguientes) es para que puedas concentrar la atención en el asunto en el cual deseas que se te ayude y en la persona o personas que, de hecho, pueden ayudar. Con la misma facilidad podrías escribir una afirmación genérica o una petición específica de ayuda para una situación, pero si incluyes el nombre de una persona potencialmente valiosa, puedes lograr mejores resultados. Es ese antiguo secreto chino que data de hace mucho —*la energía sigue al pensamiento*— del cual te estás aprovechando aquí. Si tú crees que esa persona está siendo valiosa en tu vida, le has dado al asunto muchísima más energía.

La Mujer Dragón

Conozco a un hombre, llamado Clarence, que tiene una madre sumamente acaudalada, pero extremadamente intolerante. Él la llama, afectuosamente, la Mujer Dragón. Ella lo llamó un día para avisarle que le iba a enviar 3.000 dólares. Él comenzó de inmediato a soñar con el miniván que deseaba comprarse. Desdichadamente, mientras estaba embelesado no escuchó los motivos que ella tenía para enviarle la pasta. Salió y se compró el miniván a plazos, sabiendo que el dinero estaba en camino. Luego, llamó a su madre para darle la noticia y fue cuando, para sorpresa suya, ella estalló. "¿No escuchaste nada de lo que te dije? Se suponía que ese dinero se utilizara para el crucero que estaba planificando para la reunión familiar", le gritó. Luego, ella continuó: "Tú vendrás a la reunión. No te voy a enviar más dinero. Arréglatelas", y colgó.

Clarence sabía que había desatado las fuerzas malévolas que acechaban en lo profundo de ella y el temor comenzó a crecer dentro de él. Llamó, sin demora alguna, a su consultor de feng shui. Él no quería comprar el miniván con sus ahorros. Tampoco quería deshacerse del miniván. Ni siquiera osaba pensar en no asistir a la reunión familiar. Él sabía que su madre *jamás* se retractaba de su palabra, mientras la frase "no te voy a enviar más dinero", te martillaba en la cabeza.

El consultor sugirió colocar el nombre de su madre dentro de la cajita en plata en su esquina de Personas Serviciales. Para su total asombro, su madre dio marcha atrás por vez primera en su vida y lo llamó para decirle que sí le iba a enviar más dinero.

Contratistas infernales

Si hay un grupo de personas que usualmente surgen en las conversaciones sobre personas serviciales, son los contratistas. Desdichadamente, se les describe repetidamente como la antítesis de lo valioso. No hay nada más agravante que encontrarse con que alguien que perforó un gran agujero en la casa de uno y tener un contratista que, sin avisar, no aparece por días. *Inerme* es el término más utilizado para describir esta situación. Si empleas la curación de la cajita de plata para escoger al mejor contratista, puedes convertir el *inerme* en valioso. Permítele que trabaje abriéndote a ti mismo a las oportunidades que comienzan a aparecer ante ti: una amiga tuya habla en términos elogiosos de su contratista, o el camión de un contratista (incluido el número telefónico desplegado en la compuerta de atrás) está atascado en el tráfico, justo frente a ti. Esos acontecimientos pueden ser obra de tu cajita.

El arte de vender casas, autos y productos

Si estás en búsqueda de la persona adecuada para que compre tu casa, coloca las tarjetas de presentación de cualquiera involucrado en la venta (corredor inmobiliario, prestamista hipotecario, evaluador, inspector de termitas) en el sobre de documentos, junto con cualquier contrato, oferta, panfleto para la venta y cualquier otra cosa asociada con la operación de venta de la casa. Propónte que te ayuden con cualquier cosa que necesites.

Si estás tratando de vender tu auto, puedes escribir simplemente: "El nuevo dueño perfecto para mi coche", en un pedazo de papel y colocarlo en tu cajita de plata.

Si quieres vender productos como profesión, pide compradores perfectos. Por lo general son aquéllos que pagan (¿quién necesita malapagas?), a los que les gusta tu producto (¿quién necesita devoluciones?) y le dicen a otra gente cuán fabuloso es tu producto (ayudándote a vender más). Pon esto por escrito: "Pido nada más que buenos clientes para mi negocio (o producto)", en un pedazo de papel y —lo adivinaste— colócalo en la cajita.

Si les has vendido productos o servicios, pero las compañías no te han pagado dentro del tiempo adecuado (o, peor todavía, te han pagado con cheques sin fondos), coloca el nombre de ellos en la cajita de plata. En vista de que esta área tiene que ver con justicia —y el no pagar por productos o servicios pedidos es injusto— esta zona puede mejorar tu línea de resultados. Si se trata sólo de unos cuantos morosos, coloca el nombre de cada uno en un papel separado en la cajita. No coloques nombres en la cajita, a menos que sus cuentas estén, de hecho, vencidas; deja que las cosas sigan primero su curso. Si pides nada más que buenos clientes, como se mencionó anteriormente, esta lista debería desaparecer gradualmente.

Cóbratelas

¿Te acuerdas de aquella anécdota sobre una entrevista para un empleo junto con alguien de iguales cualificaciones? Bueno, ¿qué pasaría si te estuvieras entrevistando para un trabajo, tuvieras las mismas cualidades que otro solicitante y sucediera, sencillamente, que te pareces muchísimo al primo perverso del jefe en potencia? ¿Quién se quedará con el trabajo? (Otro ejemplo: tienes que comparecer en el tribunal ante un juez). ¿No sería agradable saber que se te tratará con justicia en una ocasión semejante? La bien ornamentada esquina de Personas Serviciales de la casa virtual rechaza todos los prejuicios por parte de individuos cuando tratan contigo.

No se supone que se utilice el área de Personas Serviciales de la casa para manipular a la gente. Se supone que es solamente para conseguirte lo que es justo. Si tu intención es manipular, el único que terminará pagando eres tú.

El camino más o menos transitado

Hay quienes desean viajar más y otros, menos. Utiliza esta parte de la casa para manifestar la cantidad de viajes precisa para ti. Unas simples mejoras pueden conseguir que esto suceda.

Si estás viajando demasiado (¿o muy poco?) por motivos de trabajo, mejora también tu área de Carrera. He visto a músicos que se ganan la vida viajando, encontrar de súbito oportunidades para un mejor puesto en un estudio, en su lugar de residencia. También sé de varios vendedores que, tras mejorar estos guas, comenzaron a viajar más (como habían esperado) para vender sus productos.

Si eres una persona en busca de aventura, utiliza esta área para que te lleve ahí. Arregla un lugar con los nombres o las imágenes de los sitios que deseas ver y luego mantente a la espera de las oportunidades. Digamos, a manera de ejemplo, que anhelas secretamente la experiencia de viajar por las altas montañas de Siberia. Podrías, de manera más bien discreta, acomodar un armario en el gua de Personas Serviciales y Viajes con zapatos-raqueta para la nieve, ropa interior térmica y un manual que describa la forma de sobrevivir en condiciones de ventisca. Luego, mantente atento a los indicios —lo mismo obvios que sutiles— que pueden llevarte a ese destino.

En mis días de soltería y más mundanos, me encontré una forma de viajar al extranjero durante tres años seguidos . . . con muy poco dinero. La gente me preguntaba, con frecuencia, cómo era capaz de hacerlo, en vista de que soy una propietaria independiente, sin empleados. Les dije: "Simplemente, se compra uno un boleto". Pero, de veras, se trataba de que mi sección de Personas Serviciales y Viajes estaba trabajando a mi favor. Mi *empeño* (intención) suministraba la *forma*. Mi negocio ofrecía el tiempo cuando lo necesitaba y mis amistades ayudaban con cuidar y mantener mi casa mientras yo andaba de viaje. Después de volver de un viaje a Japón, me llamaron de parte del servicio internacional de mensajería que me había llevado ahí (¡No les dije que gastaba poco dinero!) para verificar si quería viajar, gratis, a Hong Kong. ¡Cada cuánto sucede esto, pensé!

Yo quería también pasar algún tiempo en Hawai. Puesto que soy arquitecta de paisajes, decidí dedicar parte de mi energía a obtener una licencia para operar ahí. Esa pequeña cantidad de energía se desplazó muchísimo. Al cabo del tiempo, volé ahí para someterme al examen para obtener la licencia. En el lugar donde se administraba la prueba, conocí a un arquitecto de California (que también se sometía al examen), que tenía un proyecto de hotel el cual necesitaba un arquitecto de paisajes. Me dijo: "Si pasas el examen, dame una llamada". En pocas palabras: obtuve la plaza y tuve que viajar a Hawai, por motivos de negocio, cinco veces. Cada vez me fue posible extender mi estadía unos cuantos días adicionales, de manera que pude viajar por las islas.

Quizá, si es que no estás viajando todo lo que te gustaría, deberías también agregar un poco a tu área de Creatividad, porque puede que necesites pensar de manera más ingeniosa acerca de los viajes.

Si estás planificando una mudanza (en caso de que, por ejemplo, hayas vendido tu casa o conseguido un nuevo empleo), activa el gua de Viajes para que tu desplazamiento sea seguro. A estas alturas ya deberías conocer la rutina.

A veces, si ves tu meta con suma claridad, un poco de iniciativa puede llevarte muy lejos —aun sin tener que mover nada dentro de tu casa. Haz un inventario de tus recursos existentes, empéñate en que te sirvan de nuevas formas, y utilízalos de nuevas maneras lo mejor que puedas.

Te deseamos lo mejor

Si no puedes pensar en nada específico en lo que necesites ayuda, o ya has empleado la sabiduría mencionada anteriormente y no tienes ninguna otra queja, puedes simplemente reforzar esta área con una afirmación para mantener vigorizadas las energías beneficiosas. Escribe algo así como: "Siempre estoy en el lugar preciso en el momento adecuado", o "Viajo con la frecuencia perfecta", o "Siempre hay alguien ahí para ayudarme cuando lo necesito", en pedazos de papel y colócalos en tu cajita de plata. Tú puedes cambiar las afirmaciones o, simplemente, leerlas de vez en cuando para reforzarlas.

Gusto de primera clase, con presupuesto de segunda

Si quieres mejorar tu estatus para viajar en primera clase, mejora el gua opuesto al de Personas Serviciales y Viajes: el gua de Prosperidad (ver la Ilustración 30). Con las cosas adecuadas colocadas con la intención correcta, puedes despedirte de los moteles de segunda y las papitas fritas, para dar la bienvenida a los hoteles Ritz y el *souflé* de chocolate.

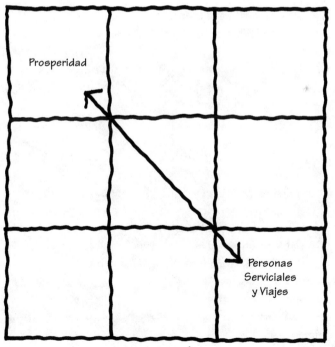

ILUSTRACIÓN 30

Liderando

La cabeza es la parte del cuerpo conectada con el área de Personas Serviciales y Viajes en en el hogar. Si necesitas reparaciones en la cabeza, dale un poco de atención a este rincón.

Cinco países por día

La parte de Personas Serviciales y Viajes de la casa está conectada con la vibración 5. Al igual que tus dedos, 5 es un puñado. Si estás dispuesto a ser trotamundos y anticipas lo que el mañana te traerá, un hogar 5 es para ti. Si no te gustan las fiestas espontáneas o las aventuras inusitadas y vives en una casa 5, haz tus maletas.

Artículos de acción inmediata
para Personas Serviciales y Viajes

1. Crea un sitio para albergar tus peticiones para Personas Serviciales (con papel de aluminio o recipientes de plata).
2. Añade mejoras sin son necesarias.

| Personas Serviciales y Viajes en breve |

Herramientas de poder: recipientes de plata, gris, símbolos de seres serviciales, objetos religiosos, campanas, agua, manos, símbolos de lugares favoritos.

Materiales peligrosos: basura, desagües, suciedad y polvo, objetos rotos, latas de basura, inodoros, recuerdos de objetos rotos y malas épocas.

Gua opuesto: Prosperidad

Parte del cuerpo: cabeza

Número asociado: 5

capítulo 7

En la intersección de la posibilidad y el
potencial — El sendero de Carrera y de Vida

Seguir el sendero del feng shui en el área de Carrera del hogar puede crear resultados. Tú puedes:

- conseguir un trabajo
- conseguir un trabajo nuevo, mejor o más importante
- disfrutar de tu trabajo
- mejorar la actividad de tu negocio
- ganar más dinero en tu negocio
- figurarte qué quieres hacer con tu vida y hacerlo; como
  en el dicho, "Sigue los dictados del corazón"

¿Te ganaste esta semana la lotería o ese otro sorteo multi-
millonario? Bueno, si no es así, entonces probablemente tendrás que seguir trabajando todos los días. Vamos, todos
tenemos que trabajar, pero también tenemos el lujo de escoger.
Tú tienes la libertad de escoger algo más si es que, en verdad,
no te entusiasma en demasía lo que estás haciendo en la actua-
lidad. Opción quiere decir cambio. Y el cambio es la única cosa cierta en la vida.

Cuando se trata de recorrer la senda de tu vida, ¿estás parado ante la luz roja de un semáforo? ¿Está tu senda de la vida atestada de baches? ¿Te encuentras atascado o empantanado, sin que haya una salida a la vista? Pues bien, aparca y sigue leyendo, porque éste es tu programa de asistencia en la carretera en vigencia las veinticuatro horas del día.

Da el primer paso en la senda de tu vida dirigiéndote de inmediato a la puerta del frente. A medida que ingresas, busca el centro del plano de la pared en el que se encuentra la puerta, porque la sección de Carrera está al frente y en el centro de la casa (ver Ilustración 31). Está directamente opuesto al gua de la de Fama y Reputación en la parte posterior de la casa. Ahora que ya sabes dónde se encuentra, es fácil instaurar el cambio. De ambos tipos.

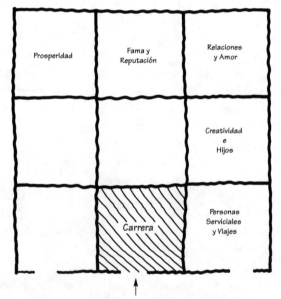

Este lado del bagua siempre tiene la puerta principal
de la casa o de la habitación ubicada sobre él.

Ubicación de Carrera en el bagua
ILUSTRACIÓN 31

Herramientas poderosas
para el sendero de Carrera y de Vida

Conecta algunas de estas herramientas en el área de Carrera de tu hogar:

Agua Aunque alguna gente piensa que la única agua calificada para esta sección es una fuente, un acuario o un río, en verdad puede ser cualquier tipo de agua (siempre que no sea la apestosa agua del inodoro). Es por ello que muchos restaurantes chinos poseen acuarios cerca de la entrada. Una jarra de buena agua limpia bastará; no es necesario que instales el viejo Slip N' Slide por todo el pasillo.

El agua simbólica también puede funcionar. Un paisaje nevado en una foto o hasta una acuarela de prácticamente cualquier cosa invita al cambio (a excepción de imágenes de la Tierra).

Artículos vinculados al agua también funcionan aquí, como estrellas de mar o caracoles.

Negro Este color no sólo es simplemente chic, sino que también es el símbolo de feng shui para el agua. Tira ese antiguo maletín negro de ejecutivo por ahí y haz que trabaje para ti. O toma ese cartel de la película *Men in Black* y cuélgalo en la sección de Carrera.

Formas ondulantes La configuración o forma de los elementos del agua es libre u ondulante. Puesto que el agua puede tomar cualquier forma, precisamente cualquier forma bastará para describirla. La única configuración que sería la menos apropiada serían los cuadrados. Las formas cuadradas están vinculadas con el elemento tierra y, una vez más, nosotros no queremos que símbolos de tierra en esta área contengan nuestra agua.

Espejos Son el equivalente del agua y te dejan ver cuán fabulosamente ataviado estás para tu nueva carrera. Además, reflejan la luz, lo que mantiene la energía fluyendo en esta área de la casa. Siempre sé cuidadoso de cómo cuelgas un espejo. Asegúrate de que está colocado a una altura en la cual puedes verte a ti mismo a los ojos y apreciar la totalidad de la cabeza. De esa manera prosperarás en los negocios.

Espejos no recomendados: los que se encuentran en la casa de los espejos de un parque de diversiones.

Cristal El cristal es considerado un elemento acuático en el feng shui. El cristal también se utiliza de manera bastante extensa en los recipientes para agua —jarrones, acuarios, peceras, copas— de manera que usualmente es muy fácil hacer que el cristal trabaje en pro de tu carrera.

Olvídate de todo eso que has oído sobre siete años de mala suerte —si se rompe un espejo, esto sólo quiere que necesitas un espejo más grande.

Metal Si recuerdas lo dicho del Ciclo Creativo en el Capítulo I (Ilustración 3), el metal "crea" agua. Así, pues, si tienes algo hecho de metal que pudiera funcionar estéticamente en esta área, colócalo ahí. El metal de cualquier tipo vendrá bien, desde una perilla de bronce hasta una fuente de cobre para peces. Saca esa foto tuya del séptimo grado, cuando usabas frenos ortodónticos, y exhíbela orgulloso en esta sección. (Sólo estoy bromeando.)

Cosas blancas El color blanco simboliza el metal que crea el agua. Cualquier cosa blanca atraerá buenas vibraciones para tu sendero de Vida. Puesto que el blanco y el negro son los dos mejores colores aquí, trata de encontrar una forma de incorporarlos en algo que tenga sentido e importancia en lo que tú quieres hacer con tu vida. Los libros tienen páginas en blanco y negro, de manera que si tienes un libro que hable sobre tu carrera en la vida, trata de colocarlo aquí y mira lo que sucede. Si eres piloto de carreras, una bandera blanquinegra a cuadros de las que marcan la llegada a la meta sería fabulosa aquí.

Cosas redondas Puesto que redondo es sinónimo de metal en feng shui, también funciona bien para tu carrera. Usa cosas redondas de metal y cubre ambas bases: monedas, campanas, macetas, artefactos de iluminación. Esposas, armamentos medievales y cascos, probablemente, no.

Símbolos del sendero de Vida en el que tú quieres estar Si tu meta es ser corredor de bolsa, entonces una foto de Wall Street puede funcionar. O simplemente guarda por ahí cerca un ejemplar actual del *Wall Street Journal.* Si sueñas con una carrera en la industria de la música, entonces canaliza algo de música hacia esta área (literalmente, utilizándola) o, simbólicamente, coloca aquí instrumentos, CDs o fotos de artistas de renombre. Si aún estudias o tu mejor sendero en la vida todavía no te está claro, coloca aquí objetos que exhiban tus intereses actuales, tales como tus libros, con la intención de que te ayuden a encontrar en la vida el sendero que te hará cantar el corazón. Aunque he dicho que las curaciones no tienen que demostrar que están funcionando, en este caso creo que rodearte abiertamente de recordatorios de tus intereses actuales puede acopiar un ch'i más vigoroso para ti.

Materiales peligrosos para el sendero de Carrera y de Vida

Hay cosas que en nada ayudan a la causa de Carrera:

Suciedad Éste no es el sitio para la suciedad o el polvo, porque cuando uno mezcla el polvo con el agua el resultado es lodo. Hasta fotos de montañas y macetas de barro pueden enturbiar las aguas. Mantén pura el agua.

Cuadrados Puesto que el cuadrado representa la tierra y la tierra está hecha de polvo (suciedad), bla, bla, bla, comprendes . . . nada de cuadrados.

Objetos de color tierra Amarillos, naranjas y marrones . . . si están aquí, trata de encontrarles un nuevo sitio.

Veamos, de manera que tienes una maceta cuadrada de cerámica amarilla llena de tierra marrón y con una planta, ahí justo en el medio de esta zona y a ti te gusta así. Que no te entre el pánico. Puede quedarse. Pero si lo haces, sería prudente contraequilibrar el área entera con algunas de las herramientas poderosas mencionadas antes. Y, recuerda, puedes usar el Ciclo Destructivo para provecho propio. Un árbol grande en una maceta (recuerda, la madera desarraiga la tierra) comenzaría a negar el elemento tierra y su poder sobre el agua.

He aquí otro ejemplo. Si alquilas un apartamento que tiene brillantes cuadrados de linóleo amarillo en el piso de la sección de Carrera y no puedes hacer nada para retirarlos, simplemente asegúrate de que equilibras el área con algo más que funcione desde un punto de vista de diseño. Yo recomendaría objetos verdes, porque el verde es el color de la madera y la madera destruye la tierra (revisa estos dos ciclos —Ilustraciones 3 y 4 en el Capítulo I— si todavía estás confundido). Si tienes un mueble grande de madera en esta área, seguramente comenzará a superar el poder del amarillo. Objetos blancos o de metal, que simbolicen el elemento metal, que produce agua, pueden acomodarse a la decoración.

Fotos de cosas que tú nunca quisieras hacer en tu vida En la zona de entrada al hogar de un hombre, vi una foto en blanco y negro de un equilibrista que caminaba sobre la cuerda floja entre dos azoteas. Aunque era interesante y declaraba algo, creó en mi interior una cierta tensión. El propietario de la vivienda dijo que él no sabía en realidad por qué, pero colgaba esa foto en la entrada de su casa cada vez que se mudaba. Él también coincidió en que su carrera había sido siempre una gran fuente de tensión en su vida (tenía el blanco y negro funcionando en su favor, pero el simbolismo superaba los colores).

Libreta de notas. ¿Cómo va esa lista para este gua de herramientas poderosas en existencia y las condiciones que hay que cambiar?

La puerta secreta hacia el éxito no debe trancarse

Puesto que la entrada a la habitación o a la vivienda está asociada con frecuencia con Carrera, hablemos un poco sobre la entrada. ¿Es que tu entrada parece asemejarse al sendero de tu carrera? ¿Hay obstáculos que salvar? ¿Es que la puerta se atranca y es esto un eco de la manera como tú te sientes acerca de tu trabajo? ¿Usas siempre otra puerta para entrar a tu casa, aun cuando ésta es la única puerta del frente? Eso puede reflejar la forma en que eres subestimado en el trabajo. Por alocado que parezca, mientras más feliz sea tu entrada, más feliz serás con tu carrera o con tu sendero de vida. Mantén la entrada limpia e invitadora. Asegúrate de que el timbre de la puerta funcione y que haya la luz suficiente como para sentirte seguro. Asegúrate de que no haya obstáculos que salvar pasándose por encima o alrededor cuando te aproximas a la puerta del frente, o justo después de entrar a tu casa. (Puede que algunos de ustedes recuerden cómo Dick Van Dyke tropezaba en la otomana al principio de su programa de televisión. Necesitaba, definitivamente, un consultor de feng shui.) Haz que la dirección de tu casa sea fácil de localizar y de leer y asegúrate de que no se pueda confundir con otras direcciones, en caso de que vivas en un edificio multifamiliar. También asegúrate de que los números no vayan en descenso (ver Ilustración 32, página 160).

La puerta del frente debería de reflejar autoridad, así como también ser invitadora. Mira la puerta del frente desde la calle y asegúrate de que no esté tapada con un árbol o con otro objeto. Si tienes una puerta de doble hoja, no bloquees una de ellas con macetas u otras cosas, porque de hacerlo estarás bloqueando la mitad de tu ch'i (ver Ilustración 32, página 160).

Si consideras que necesitas protección y no es tu estilo tener perros foo o un espejo convexo (ambos son curas chinas muy tradicionales), busca algo que sí te agrade. Pídele prestados al chico de al lado unos cuantos de esos soldaditos de juguete y ocúltalos en macetas con plantas a ambos lados de la puerta. No hay nada como soldados del ejército para custodiar una puerta y para mantenerte a salvo. Escoge algo que te gustaría que te

No bloquees tu ch'i, obstaculizando cualquier parte de toda tu puerta del frente.

Coloca horizontales los números de dirección de tu casa, y no en descenso, como se ilustra.

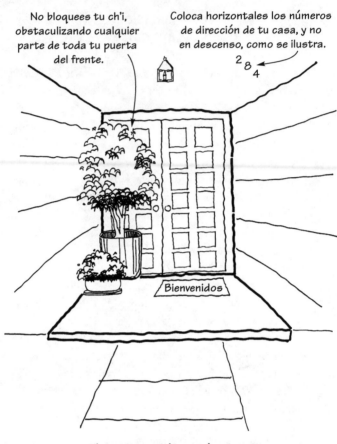

Cómo no montar la entrada a tu casa

ILUSTRACIÓN 32

protegiera, quizá una estatua de concreto de un perro o un par matas podadas en forma de leones.

Pinta de rojo (o en tonos rojos) la puerta del frente si quieres la protección del feng shui. También utiliza este tratamiento si tienes algo negativo que esté apuntando en dirección a tu casa, como un camino o la esquina de un edificio (ver Ilustración 33). Si nada más estás acomodando una habitación según el feng shui, pintar la puerta de rojo sera apropiado si tu puerta se encuentra al final de un largo pasillo (ver Ilustración 34, página 162). Cubre el

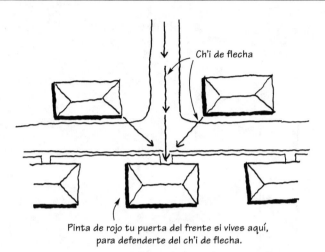

Pinta de rojo tu puerta del frente si vives aquí,
para defenderte del ch'i de flecha.

La cura, si tu casa está ubicada al final de un camino
ILUSTRACIÓN 33

rojo con una pintura aprobada por el propietario de la vivienda si te ves obligado; eso está bien. El rojo y tus intenciones aún seguirán trabajando en provecho tuyo.

Si hay escalones que subir para llegar a tu puerta del frente, asegúrate de que haya espacio suficiente para poder retroceder al abrirla sin arriesgarte a caerte por los escalones abajo, en caso de que la puerta se abra hacia afuera. No quieres tumbar a esa niñita de las Girl Scouts que anda por ahí vendiendo galletitas.

Si siempre tienes que entrar por el garaje y tu puerta del frente recibe poco uso, aparte de las ocasionales visitas de los chicos que andan en busca de golosinas en el Día de las Brujas, ejercita la energía conveniente abriendo rutinariamente la puerta del frente y dándole un poco qué hacer. No es conveniente mantener ninguna energía debilitada, adormecida, marchita en ningún lugar de tu casa, ni siquiera en un espacio que no se utilice con frecuencia.

Las puertas atascadas hacen que el ch'i también se atasque. Asegúrate de que toda puerta se abra libremente y que todas sus partes estén funcionando. No almacenes detrás de una puerta nada que impida que se la abra en toda su amplitud. Limpia tanto la puerta como la perilla con frecuencia.

Pinta tu puerta de rojo, o fija un pedazo de
cinta roja a través de la parte inferior de la puerta
o a lo largo de la moldura superior del umbral
para desacelerar ese raudo ch'i.

Curación si tu apartamento está ubicado al final de un pasillo

ILUSTRACIÓN 34

Ahora, da un vistazo a lo que sucede una vez que atraviesas el umbral. ¿Es atemorizante, confuso, deprimente, abigarrado, lúgubre, claustrofóbico o peligroso? Nadie quiere ser recibido en una casa con este tipo de espacios. Es mejor tener el campo suficiente para que entren los huéspedes, se quiten el abrigo o coloquen los enormes regalos que pueden traer consigo. Si tu entrada no puede acomodar estas funciones y te topas con una pared en cuanto entras a la casa, cuelga un espejo enorme en la pared que estrecha el espacio. Esto dará la ilusión de una entrada más grande. Y en cualquier caso, puesto que los espejos son un símbolo del agua, usualmente son una buena adición en los sitios a lo largo del frente de la casa.

Si, al entrar, ves directamente todo lo largo de la casa y a través de la puerta de atrás, tienes otro tipo de problema de ch'i: el ch'i está fluyendo por el frente y, de inmediato, por la parte de atrás. La meta es hacer que se quede un tiempo. Una curación tradicional sería colgar un cristal en alguna parte entre las dos puertas en cuestión (como te sugerí que lo hicieras entre las escaleras y la puerta en el Capítulo 2). Otra idea es la de colocar, cuidadosamente, objetos que creen una senda sinuosa entre las dos puertas (¡sin producir abigarramiento, naturalmente!) Esta curación se aplica al entrar por cualquier puerta de la vivienda.

Flores de Pascua y profesiones

Mi amiga tuvo recientemente un bebé y decidió quedarse en casa para criarlo. Estaba un poquitín atemorizada por la pérdida de sus ingresos y se preguntaba cómo afectaría eso la situación financiera de la familia. Aunque su esposo tenía un empleo fabuloso, la decisión implicaría decididamente un fuerte impacto en su situación económica.

Al prepararse para los días festivos, decidió podar los árboles y arbustos durmientes (que se encontraban, sobre todo, en las secciones de Prosperidad y Fama de su espacio) y reemplazar las plantas marchitas de la estación con flores de Pascua navideña enfrente de la casa, siguiendo hacia la puerta (área de Carrera). En cuestión de una semana, un viejo amigo llamó a su esposo para ver si él conocía a alguien interesado —o si acaso él mismo podía estar interesado— en un nuevo cargo de vicepresidente en una megacorporación de Las Vegas. Los beneficios y el salario ofrecidos superaban el probable ingreso combinado de la pareja.

Podar los árboles y arbustos permitió que más ch'i fluyera dentro y alrededor de Prosperidad y Fama. Al despejar las plantas marchitas de la estación y reemplazarlas por las pascuas rojas avivó y activó a Carrera. Sin saber mucho del asunto, ella había mejorado los tres sitios precisos para agitar el ch'i hacia un nuevo empleo mejor remunerado: Prosperidad activa para conseguir más dinero, Fama para brillar destellante en el universo y hacerse notar, y Carrera para crear un empleo al que valiera la pena dedicarle su tiempo mientras estuviera en la tierra.

¡Con esta clase de suerte pienso yo que Las Vegas es el lugar perfecto para que viva esta familia!

Un paisaje estresado

Mientras sigo hablando del patio, haré una observación adicional. He notado que cuando los patios del frente se organizan meticulosa y a veces tediosamente con objetos como círculos de pedruzcos de colores en torno a curiosas estatuillas o matas podadas con formas animales, eso es usualmente un indicio de que hay problemas relacionados con el sendero de Vida entre los ocupantes de la vivienda. No estoy hablando de un jardín bien mantenido, sino de un jardín altamente controlado para hacer una "declaración", una que se ve como si fuera un grito de auxilio. Por algún motivo, tal parece que mientras más tenso y controlado se ve el paisaje, más descontrolada está la persona en su interior, como si reflejara en su patio su infelicidad y sus sentimientos de que se le está controlando. Usualmente es la carrera de esa persona la que está fuera de control. Tiene un jefe sumamente controlador o un horario rígido o se le han asignado metas irracionales.

Éste es un clásico caso de un bagua de Carrera para el consultor de feng shui. Dentro, el gua de Carrera tiene, por lo general, señales similares de estrés. Si tú puedes encontrar correspondencia con esto, que no te entre el pánico. Sólo sigue leyendo. A veces es un proceso lento, pero si te apegas a la sabiduría de este libro, llegarás eventualmente al sitio en donde quieres encontrarte en tu sendero de Vida.

El primer paso en el sendero

Si estás atascado, aun cuando apenas intentas dar el primer paso en tu sendero, no te preocupes. He aquí dos grandes formas de acopiar ch'i para comenzar:

1. Coloca un poco de arroz sin cocinar en un recipiente. Toma todo el cambio en monedas que acumulas cada día y colócalo en el recipiente. Hazlo durante treinta

días. Después de ese período, cuenta todo el cambio. Luego, da el diez por ciento del total a una organización caritativa o a un desamparado.

2. Escribe en pedazos de papel aquellas cosas que tú crees que no quieres que estén en tu vida o las cosas que tú crees que necesitas para comenzar una carrera, cada una en un pedazo separado de papel. Dobla los papeles y colócalos en un recipiente, agítalos con una cuchara grande o con tu mano, a diario, durante nueve días. Todas tus intenciones y pedidos que antes no tenían ningún ch'i detrás estarán ahora revitalizados y comenzarán a trabajar por ti, porque eres tú quien los está agitando.

Puede que suene raro, pero es la pura y simple verdad.

Toma este empleo y ámalo

Además de implementar las herramientas poderosas antes mencionadas para tu área de Carrera, aquí tienes otras cosas que puedes hacer si estás en búsqueda de un nuevo empleo. Cuelga carillones de metal o una campana fuera de la puerta para atraer la atención hacia ti mismo. Cuélgalos en el lado sin bisagra del dintel de la puerta. Ve a la esquina de Personas Serviciales (ver Capítulo 6) y coloca un pedazo de papel que diga "La perfecta oportunidad para una carrera" en la cajita de plata (una cajita cubierta con papel de aluminio también funciona). Refuerza eso con una afirmación de rituales que te agraden (ver Capítulo 12) y, entonces, tu única tarea será asegurarte que examinar toda oportunidad que te salga al paso. Borra la imagen de una compañía específica de tu mente y reemplázala por una foto tuya en la que estés disfrutando muchísimo, haciendo algo que te encanta y recibiendo, como pago, un cuantioso cheque. A veces debes tener una puerta cerrada para hacer espacio a fin de que otra se abra. Así, pues, que no te entre el pánico si, de alguna forma, pierdes inesperadamente tu empleo actual. No puedes tallarte un zapato nuevo de Kenneth Cole en un pie mientras que mantengas puesto otro de marca Payless.

Saltando escalones en la escalera corporativa

Digamos que tienes un empleo en el que eres feliz, pero que deseas avanzar en la compañía un poco más rápido. ¿Qué haces? Comienza por conseguir lo que usualmente es necesario para conseguir una promoción.

En primer lugar: una buena reputación. Cuando los comandantes corporativos piensen de ti, deben hacerlo teniendo en mente una sola cosa: *eres un fantástico empleado.* Tu reputación no puede mancharse. Así, pues, a pulirla. Ve a la sección de Reputación y asegúrate de que todo esté bien ahí (ver Capítulo 3). Puedes agregar algo extra con la intención de hacer que ese objeto te ayude a adquirir o a mantener una buena reputación. Enciende una vela roja que dure siete días y agrégale una nueva planta verde al área. Si quieres que tus patrones piensen que tú puedes hacer cualquier cosa, toma una foto o un cartel de tu superhéroe favorito, empasta tu foto sobre la cara y el nombre o logotipo de tu compañía sobre el pecho de la imagen. Coloca esto en algún lugar de la sección de Fama y Reputación y espera a ver qué pasa.

En segundo lugar: necesitas un jefe que vaya a hacer algo acerca tu carrera. Escribe todos los nombres de los responsables de toma de decisiones en la compañía en papel con el sello o membrete de la compañía. Agrega tu nombre a esa lista y colócala en la esquina de Personas Serviciales (ver Capítulo 6). Si sientes que no tienes una buena relación con una o más de las personas que toman las decisiones, coloca también su nombre en el rincón de Relaciones (ver Capítulo 4), preferiblemente sobre papel rosado. La esquina de Relaciones puede ayudar con todo tipo de relaciones, no sólo aquéllas de tipo amoroso.

Recuerda que no es necesario desplegar osadamente tus curaciones ante el mundo. Colócalas detrás de fotos o en cajas, o fíjalas con cinta adhesiva bajo una mesa del área. En tanto tú sepas que están ahí, funcionarán. ¡Nadie más tiene que saberlo!

| Rey o reina del cubículo |

¿**E**stás atascado en el infierno de los cubículos? Tratemos de hacerlo habitable. Aplica los mismos nueve guas a tu cubículo como lo has hecho en tu casa, utilizando la entrada al cubículo como la puerta del frente. No te olvides de que también puedes aplicar el feng shui en tu escritorio (ver Ilustración 13, Capítulo 3). Decora cada área con símbolos poderosos. Cuelga un calendario de cascadas en la sección de Carrera. Los libros deberían situarse en el área de Habilidades y Conocimiento. Las plantas se encontrarán mejor en la sección de Familia y Reputación, pero funcionan en prácticamente cualquier parte. Un símbolo de cualquier cosa que tenga gran valor para ti va en el rincón de Prosperidad. Las fotos del cónyuge o amante funcionan bien en el área de Relaciones, y los chicos (tuyos o de alguien más) irán junto a ellas, en el área de Creatividad. Coloca tu Rolodex o libreta de direcciones computarizada en el área de Personas Serviciales. Y, finalmente, fija un sol dorado de papel cartulina debajo de la mitad del escritorio para proteger la salud, y ya lo tienes todo.

Al igual que con el ejemplo del sol dorado, puede que sea más fácil simplemente utilizar pedazos de papel en los colores correctos para cada área. Córtalos en forma de bagua (unos 15 centímetros de ancho bastarán) para añadirles simbolismo y poder adicionales. Fíjalos bajo tu escritorio y ya tendrás un cubículo reforzado.

Si le das la espalda a la entrada del cubículo o a la puerta de la oficina cuando estás delante de tu escritorio y no hay forma que puedas cambiar eso, coloca un espejito sobre el escritorio, frente a ti, a fin de que puedas captar una reflexión en caso de que alguien esté detrás de ti. Prueba con un espejo retrovisor de los que se consiguen en una tienda de repuestos para automóviles o con un espejito de una polvera que se puede fijar en la pantalla de la computadora. Si un espejo luce fuera de lugar, utiliza un jarrón de plata, un sacapuntas de acero inoxidable o cualquier otro objeto de oficina que sea brillante y reflector.

La tecnología antigua se encuentra con la alta tecnología

Puesto que son las computadoras, los escáneres y las impresoras los que adornan la mayoría de oficinas, puede que te estés preguntando si hay alguna ubicación mejor o peor para estos aparatos en tu oficina o tu cubículo. Aunque no hay en verdad una posición terrible para ellos, te puedes beneficiar si están colocados en el área del bagua de la oficina o del escritorio que corresponde a su función. Por ejemplo, si vives de hacer transacciones bursátiles por computadora durante el día entero, entonces el área de Prosperidad sería lo adecuado. Si utilizas tu computadora más para lograr acceso a los expedientes de clientes, trata en la sección de Personas Serviciales. Si se utiliza exclusivamente para nóminas salariales o contabilidad, quizá la sección más apropiada sea la de Familia. Y si estás escribiendo un libro o un libreto cinematográfico, ¿por qué no colocarla en la de Fama?

¿Necesitas más ejemplos? Si eres diseñador y te pasas el día entero dibujando en la computadora, el área de Creatividad luce como la más apropiada. ¿Operas un servicio de concertar citas románticas? La computadora en la sección de Relaciones puede que sea la mejor le corresponda. Creo que a estas alturas ya lo entiendes.

Si quieres generar la recepción de más llamadas (quizá te ocupas de ventas), ata una cinta roja en torno a la cuerda que corre desde el enchufe de la pared hasta el teléfono. Hazlo con la línea de módem si obtienes también negocios de esa manera. ¿Quieres reforzarlo de veras? Ata nueve cintas rojas, en lugar de una sola. Apréstate para escuchar el sonido de los negocios resonándote en los oídos.

¿Quieres vigorizar el feng shui de Carrera para generar más negocios? Conoce a diario nueve personas nuevas durante nueve o veintisiete días y estudia qué negocios resultan de ello. Sí, nueve personas cada día, a las que jamás les has hablado antes. Quizá sea una persona que éste haciendo cola detrás de ti, mientras esperas en la tintorería. Quizá sea el técnico que repara la copiadora en la oficina. Preséntate y mira a ver qué pasa. Es una cosa más que segura que genere nuevos negocios o algún otro tipo de relaciones que puedan ayudarte en el futuro.

¿Izquierda, derecha, arriba o abajo?

Si estás en busca de rumbo en tu vida, o ese rumbo luce disperso porque estás abrumado por todas las posibilidades y alternativas, estudia tus zapatos. Ellos constituyen "la suela que se encuentra con el suelo" cuando se trata de que vayas a alguna parte. Arréglalos en el armario de manera que todos estén apuntando en la misma dirección.

Si "salir del clóset" es parte de tu rumbo de vida, asegúrate de que las puntas de los zapatos den hacia afuera y mantén la puerta entreabierta hasta que ya hayas tenido éxito. Yo también sugeriría la adición de mejoras en las áreas de Familia y Relaciones, con la intención específica de hacer de este proceso algo que se disfrute y se quiera.

Si no puedes hacerte en la mente una imagen clara y no sabes hacia dónde vas, es imposible saber hacia dónde doblar o si, en verdad, has llegado "ahí". Pero cuando sabes hacia dónde te encaminas, no sólo te percatas de cuándo ya has llegado, sino que puedes también escoger el tipo de caminos que deseas tomar. Puedes usar veredas peligrosas próximas a precipicios, sinuosas y lentas rutas escénicas o la autopista. Tú estarás a cargo de tu propio destino. Así que define claramente hacia dónde quieres ir. Mejora tu sección de Habilidades y Conocimiento si te atascas con esto (ver el Capítulo 8).

Rescate de las ventas

La mayoría de las empresas que dependen de clientes que no son permanentes necesitan energía sumamente activa para mantener el flujo de las ventas. Si éste es tu caso, he aquí una sugerencia. Saca la mercancía de los estantes (en especial aquélla que cuesta mover) y desempolva los entrepaños. A la gente no le gusta, de ninguna manera, comprar cosas polvorientas. Pero lo que es más importante es que esto agitará la energía. La energía agitada genera ventas. Como ejemplo, piensa en todas las cosas baratas y artificiales que hacen los concesionarios de automóviles para captar tu atención. Usan molinetes en antenas, cadenas de banderines que ondean al viento y enormes globos, para mencionar tan sólo unos cuantos. Y deben estar obteniendo resultados o no seguirían haciéndolo. Funciona porque, de manera más que simple, es buen feng shui.

Si hay un aspecto particular del almacén que parece remolón, mejóralo con una de las curas tradicionales, como un carillón por encima de la mercancía o colocando espejos detrás de los estantes. Si el almacén entero está sufriendo, verifica la iluminación (la oscuridad hace más lentas las ventas), la entrada (es difícil lograr ventas si no te pueden encontrar) y la ubicación de tu registradora (una posición prominente en cuanto a la entrada, pero tampoco demasiado próxima a la puerta como para tentar a los ladrones). No te olvides de la triquiñuela esa de la campaña a inmediaciones de la puerta de entrada, que ya expliqué antes.

El poder de las flores

Entre tu hogar y tu oficina hay una variedad de espacios y condiciones que te pueden estar afectando, lo mismo positiva que negativamente. Así que piensa en aplicarles feng shui para mantener tu ch'i elevado. Utiliza mi método de cartulina de colores para aplicar feng shui a tu auto (ver Ilustración 35). Corta un pedazo de unos 15 centímetros en forma de bagua, en cada uno de los ocho colores exteriores del gua, y corta un círculo de 22 centímetros en amarillo para el centro. Arréglalos en el orden apropiado y pégalos juntos. La configuración final debería de verse como una colorida margarita con un centro amarillo y pétalos de colores diferentes. Coloca esa margarita bajo la alfombra del coche. El pétalo negro de la margarita debería de estar más próximo al baúl (o cajuela) y el rojo (Fama) más cercano al motor. Corta pequeñas margaritas y colócalas bajo el sillín de tu bicicleta si ése es tu método de transporte. Si viajas en tren o en

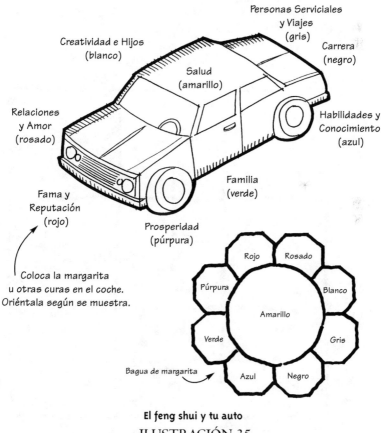

El feng shui y tu auto
ILUSTRACIÓN 35

avión, la sola tenencia de una margarita (de cualquier tamaño) en alguna parte de tu humanidad (o en el maletín ejecutivo, los zapatos y la ropa interior) te ayudará mientras te encuentras viajando. Puesto que la margarita es una representación plena del bagua, es difícil pensar en que haya lugar inapropiado alguno.

Moja tu pluma en la tinta de la compañía

De la misma forma que existe una estrecha conexión entre tu carrera y tu reputación, existe también un nexo entre ellas en el bagua (ver Ilustración 36). Imagínatelas equilibrándose entre sí, como dos chicos en un subibaja. Si uno de ellos pesa más, los

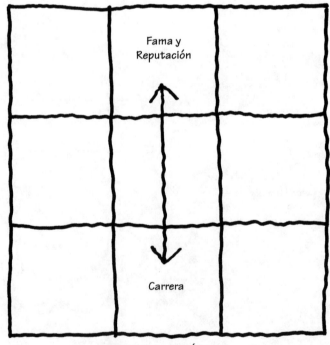

ILUSTRACIÓN 36

pies del otro jamás llegan a tocar el suelo. O si uno de los chicos se levanta, el otro se precipita hacia tierra. De igual manera sucede con tu carrera. Si forjas una reputación cargada de rumores, negligencia o apatía, puede que te encuentres con que te es difícil mantener los pies sobre la senda escogida porque te despidieron, suspendieron o transfirieron a un país distante. No tienes que leer con demasiado detenimiento los periódicos para ver adónde te lleva si para llegar al tope eliges hacerlo tendido sobre la cama. Mantén en equilibrio los guas de Carrera y Reputación para tu mejor beneficio profesional tuyo.

Oído para Carrera

¿Niños con infecciones crónicas en el oído? El área de Carrera está asociada con los oídos. Mejora esta área del bagua si tú o alguien que vive en tu casa está experimentando problemas con el oído.

Seis de una, media docena de otra

Seis es el número asociado con el área del sendero de Carrera y de Vida en el hogar. La esencia del 6 es el servicio. Cualquiera que sea tu preofesión u oficio, tu sendero de Vida incluye el servicio: el servicio a tu familia, a otra gente, a la ecología o a los animales. Pero ser servicial es fácil de lograr si vives en una casa 6. Una pista para quien reside en un 6: asegúrate también de permitir recibir mientras vivas, porque a veces los seis nada más dan, dan, dan. Si tienes seis de algo en esta sección de la casa, proponte a que te ayude con tu sendero de Vida.

Artículos de acción inmediata para el
Sendero de Carrera y de Vida

1. Asegúrate de que la puerta del frente no se atasque y que se abra en toda su amplitud (sin que haya nada guardado detrás de ella).
2. Añade mejoras si son necesarias.

Sendero de Carrera y de Vida en breve

Herramientas de poder: agua, negro, formas ondulantes, espejos, cristal, metal, blanco, cosas redondas, símbolos del sendero de Vida en el cual quieres estar.

Materiales peligrosos: polvo o suciedad, cuadrados, colores terrosos, fotos de cosas que jamás quisieras hacer en la vida.

Gua opuesto: Fama y Reputación

Parte del cuerpo: oído

Número asociado: 6

capítulo 8

Si yo fuera muy inteligente —
Habilidades y Conocimiento

a colocación sabia de objetos en el área de Habilidades y
Conocimiento del hogar podría ayudarte a:

- sacar mejores notas
- tomar mejores decisiones
- ser más creativo
- ser un mejor empresario
- atraer oportunidades, situaciones y gente que te ayude
  en todas las áreas de la vida
- aprovechar tu sabiduría interior con más frecuencia
- encontrar la fuerza interior y la voluntad para comenzar
  una tarea aparentemente ominosa o abrumadora
- sostener mejores relaciones

Si tú pudieras aplicar el feng shui a un área de tu hogar, ésta debería de ser esa área. Ya sé, probablemente estás pensando:
"Habilidades y Conocimiento. Tengo cosas más importantes de
qué ocuparme en la tierra que de la prosperidad. Deja de darme
lata con esa gastada y vieja historia de Habilidades y Conoci-

miento. No tengo el cerebro drogado. No estoy tan mal que se diga". Pero, atiende, lo que te digo es cierto.

Aunque muchos practicantes del feng shui a penas le dan importancia a esta área, debido, a su título poco glamoroso ya su situación aparentemente sin importancia en la vida, Habilidades y Conocimiento es un área de vital importancia. Nuestra capacidad de pensar, racionalizar y agudizar a propósito la mente es lo que nos separa de todas las demás criaturas sobre la tierra. La vida es un proceso de aprendizaje y mientras más habilidades tengas, en mejor posición estarás. Muchos practicantes del feng shui simplemente llaman *sabiduría* a esta área del bagua.

Digamos, por ejemplo, que te estás quejando porque no tienes el dinero suficiente. Comienzas a adornar tu zona de Prosperidad con todos los implementos adecuados. El dinero comienza a presentarse. Ahora, si no tienes la cabeza bien equilibrada y no actúas sabiamente con relación a lo que está sucediendo, puede que ni siquiera te des cuenta de que estás ganando más dinero. O puede que lo gastes de manera imprudente —y, por lo tanto, jamás te sientas próspero— y creas que el feng shui no está funcionando en tu área de Prosperidad.

O, por el contrario, amplificas la sección de Relaciones, porque estás en busca de la pareja perfecta. Varias personas comienzan a llegar a tu vida pero, como de costumbre, escoges a las perdedoras y dejas en absoluto de tomar nota de quien es la persona adecuada. No aprendes de tus propios errores.

Si no posees ni siquiera la prudencia de tomar las decisiones apropiadas, puede que jamás llegues a reconocer las oportunidades y la abundancia que tienes ante los ojos. El término *sabiduría* quiere decir más que el simple conocimiento de muchos hechos. Conozco a mucha gente que sabe toneladas de cosas y aun así toma decisiones increíblemente malas en la vida. La sabiduría es una comprensión perspicaz de lo que es correcto, apropiado o verdadero. Con sabiduría tú puedes acumular con mayor facilidad las cosas que quieres de la vida. Y, vamos, de eso se trata todo este asunto, ¿verdad?

Bien, para llegar a esta importante área avanza por la puerta del frente y gira a la izquierda. Este espacio a la izquierda del gua

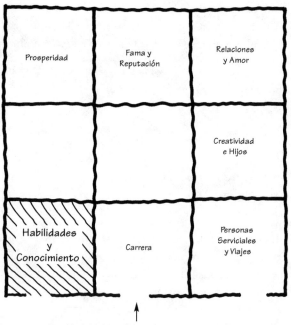

Este lado del bagua siempre tiene sobre él
la puerta principal del hogar o de la habitación.

Ubicación de Habilidades y Conocimiento en el bagua
ILUSTRACIÓN 37

de Carrera en el frente de la casa se considera el gua de Habilidades y Conocimiento (ver Ilustración 37). ¿Cuán *inteligente* se ve?

Algunas veces, el umbral de la puerta está localizado en ese rincón y tú puedes, de hecho, entrar de inmediato en Habilidades y Conocimiento. En cualquier caso, he aquí lo que funciona y lo que no funciona en esta área.

Herramientas poderosas para Habilidades y Conocimiento

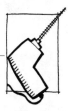

Azul El azul es el color para esta parte del bagua, de manera que prácticamente cualquier cosa azul servirá. ¿Estudiando como loco para los exámenes finales? Cuelga tus *blue jeans* en la esquina para sacar una mejor nota. El viagra es una pildorita de color azul. El azul es para *Habilidades* y Conocimiento. Mmmmm . . .

Libros   Los libros constituyen la mejora perfecta para el área de Habilidades y Conocimiento, por razones obvias. Utiliza un poco de todo lo que has acumulado. Aun si esta área recae en tu garaje, habilita un pequeño lugar para desplegar las cosas que te ayudan a adquirir sabiduría. Usa sujeta-libros que simbolicen una de tus habilidades o una habilidad que te gustaría dominar. Un amigo mío tiene sus libros sostenidos por sujeta-libros en forma de pulidos geodos de color azul. La geología es una de sus muchas aficiones.

Luz   La luz es una de esas curaciones tradicionales que pueden darle energía prácticamente cualquier cosa. Pero utilizada aquí, en la sección de Habilidades y Conocimiento, puede ser especialmente significativa. Cualquier luz se ve fabulosa. Lámparas con bombillos, linternas, velas. Vamos, un simple bombillo, con la intención apropiada, puede funcionar. Se dice comúnmente: "Arroja un poco de luz sobre el asunto" y "Adquiere iluminación espiritual", lo que indica que la luz ayuda con el conocimiento y la inteligencia. Si estás usando una lámpara, recuerda: siempre que esté enchufada y funcione, servirá. No tiene que estar encendida para un buen feng shui.

Alimentación   Si tu cocina se encuentra en esta área del hogar, proponte a que toda la comida que tú compres alimente la mente. (¿Quién habría pensado que Cap'n Crunch y las chuletas de cordero podrían ser tan útiles?)

Cosas que te recuerdan de sabiduría   Una réplica de *El Pensador,* de Rodin, una lámpara de conocimiento, la balanza de la justicia, el mallete de un juez, un tablero de ajedrez, una libreta de notas con calificaciones sobresalientes y esos delfines simpáticos e inteligentes constituyen, todos, fabulosas mejoras para el ch'i. Si hay algo que a ti te inspire pensamientos más elevados, colócalo aquí.

Símbolos de mentores o gente sabia   Una estatua de Salomón constituiría un fabuloso símbolo de sabiduría. El fue el rey de la Biblia que, cuando Dios le preguntó qué deseaba, respondió: "Sabiduría". Él sabía que si poseía sabiduría, podría conseguir todo lo demás: dinero, tierras, salud y cualquier otra cosa que necesitara.

También puedes utilizar a los Tres Reyes Magos (aun cuando no estemos en Navidad), el mago Merlín, Yoda, Ben (Obi-Wan) Kenobi, Einstein o Gandhi, en estatuas, fotos, carteles o juguetes.

Metal   "Afilado como un clavo" y "mente aguda" ayudan a ilustrar la forma en que el metal puede sugerir una gran inteligencia. ¿Te acuerdas de la "curación de un centavo de dólar"? Es metal y tiene en él la efigie de Abraham Lincoln, quien es conocido por su inteligencia y su sabiduría. "¡Un centavo por tus pensamientos!" Ahorra aquí tus centavos y ve qué pensamientos salen de ahí.

Agua   Prestar agua del área adyacente de Carrera puede animar a este gua a motivar a la sabiduría para que se dirija hacia ti. Desde un jarroncito para flores hasta una tina termal, comienza con lo acuático y entra en la "corriente" de la conciencia.

Negro   Siempre que también puedas utilizar el agua, puedes usar el color que simboliza el elemento. Monjas, sacerdotes, cuáqueros y shakers . . . cuelga en esta área tus atavíos de color negro.

Madera   Toma prestado el elemento del agua en el otro lado, Familia. Los trabajos de madera bien colocados de manera intencional atraen la sabiduría. Todo ese papel en esos libros son árboles en acción.

Verde   Madera y verde: para el feng shui son la misma cosa. Utiliza plantas verdes, billetes de dólar, ropa o pintura, cualquier cosa verde.

Objetos para meditación   Si hallas tu sabiduría a través de la meditación, esta área del hogar te proporcionará el mejor entendimiento. Crea un retiro tranquilo utilizando tu banca, tu silla o tus cojines.

Altares de acción de gracias   Crear un pequeño espacio en este gua para que te recuerde de todas las cosas que tienes, a fin de dar gracias, puede aumentar tu sabiduría y perceptibilidad.

Símbolos de Habilidades y Conocimiento que tú deseas poseer   Estudiantes universitarios, coloquen aquí cosas que simbolicen la especialidad que han elegido (y mientras se esmeran en eso, sopesen retirar la colección de envases de cerveza de alrededor del mundo). Los que tengan una artesanía preferida, practíquenla aquí.

Materiales peligrosos para Habilidades y Conocimiento

Abigarramiento   Pensar con claridad requiere de un espacio despejado. No atestes tu mente con cosas innecesarias en tu área habitable . . . y sí, me refiero a la casa entera.

Cosas que frenan el proceso del pensamiento   El alcohol, las drogas, los venenos y los cigarrillos, todos ellos entorpecen el proceso del pensamiento y deberían de mantenerse lejos de aquí. Si llegaras a tener un bar en esta área de tu hogar, equilíbralo, agregando algunas opciones saludables que ofrecer a tus huéspedes, como, tal vez, un bar que combine la oferta de jugos de frutas con la de alcohol. Lo siento por esos cigarrillos, fumadores, pero en realidad el fumar no es muy sabio, aun cuando les ayude a relajarse para poder pensar.

Acuérdate, tienes que poner de tu parte. El feng shui sólo funcionará a medias si tú no participas. Si te emborrachas todas las noches y pierdes tu empleo o dejas de estudiar para los exámenes, todas las mejoras posibles del gua no van a conducirte a la sabiduría o la felicidad.

Símbolos imprudentes   Cuidado con el periódico: está atestado de gente idiota y de cosas estúpidas (corrupción, asesinatos, incendios, insolvencias), cosas que tú no deseas invitar a que ingresen en tu vida. Mike Tyson, Bill Clinton o Monica Lewinsky, River Phoenix, Robert Downey Jr., o cualquiera que haya hecho algo estúpido o que, simplemente, no entienda nada, necesita que se le mantenga fuera de esta zona.

¿Dejaste el cerebro en el garaje?

En muchas casas, las áreas de Habilidades y Conocimiento o de Personas Serviciales de la casa se encuentran en el garaje. Aunque hay muchísima gente que espera que el garaje no sea parte de su casa, si aparece detrás del plano de la puerta del frente, sí lo es (ver Ilustración 38, página 182). Ahora bien, no te apresures aún a demandar a tu arquitecto o constructor. Para la mayoría de ellos el feng shui es una abstracción. Estoy seguro de que no lo hicieron a propósito. (¡Apoya la causa del feng shui: regálale a un arquitecto una copia de este libro!)

Los garajes poseen una energía inusitada. O bien cuentan con energía sumamente rápida, que se arremolina por todos esos vehículos que entran y salen, o están tan atestados con cosas inservibles que los coches apenas caben, y la energía se ha detenido, rechinando y estancado. En cualquier caso, la energía no es adecuada para vivir confortablemente.

He aquí lo que puedes hacer acerca de ello:

1. Déjate de tonteras. Tienes que tomar medidas en contra de almacenar cosas que, simplemente, no usas con mucha frecuencia. Mientras más desorden tengas, más es el poder cerebral que utilizas de manera subconsciente, siguiéndole las pistas. Despeja ese abigarramiento y aclararás la mente. Te daré una generosa excepción a lo siguiente si están organizados cuidadosamente y de manera nada excesiva: decoraciones para festividades (a menos que se trate de objetos horrendos y sangrientos del Día de las Brujas); ropa y juguetes de niños (si estás esperando a que a uno de tus hijos pequeños le llegue la

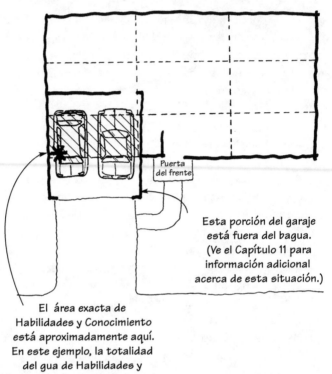

Esta porción del garaje
está fuera del bagua.
(Ve el Capítulo 11 para
información adicional
acerca de esta situación.)

El área exacta de
Habilidades y Conocimiento
está aproximadamente aquí.
En este ejemplo, la totalidad
del gua de Habilidades y
Conocimiento recae en el garaje.

El garaje en el gua de Habilidades y Conocimiento
ILUSTRACIÓN 38

edad de usarlos); documentos (los que la dirección de impuestos del gobierno te obliga a guardar durante años).

Y después de que hayas tirado la basura, limpia el garaje como si fuera una habitación misma de la casa. Barre el piso y las telarañas.

2. Limpia tus autos. Si tu vehículo está repleto de trozos de papitas fritas y colillas de cigarrillos, no puedes más que tener energía desagradable en torno a ti. Y si un automóvil destartalado está ocupando tu área de sabiduría, bueno, ¿sabes qué revela eso de cuán inteligente eres? Además de afectar tu área de Habilidades y Conocimiento, un vehículo sucio afecta además muchas otras

áreas de tu vida. Siéntate entre las envolturas de hamburguesa y los envases vacíos de bebida en un coche mugroso y luego en uno recientemente acicalado, y dime luego si no pudiste sentir la diferencia. Tú vistes esta diferencia, en la misma forma en que lo hace el auto. Piensa en eso antes de ir a una entrevista en vehículo nada limpio y pegajoso.

3. Lubrica la puerta. Entrar a tu casa por la masiva puerta de un garaje que al abrirse rechina y deja escapar ruidos espeluznantes no constituye la experiencia perfecta para una bienvenida. "Puertas atascadas hacen que el ch'i se atasque" se aplica también a las puertas del garaje.

4. Arroja algo de luz. Los garajes sin ventanas pueden parecer sumamente oscuros en su interior. Asegúrate de que cada rincón esté provisto de una cantidad apropiada de luz. Ninguna habitación de tu hogar —aun el garaje— debería alejarte por su oscuridad.

La sabiduría de hacerlo solo

Nate, mi amigo y practicante del feng shui, fue a la casa de un doctor, soltero, que le había pedido ayuda. Aunque el doctor era próspero y tenía dinero, sentía que no sabía lo bastante como para decorar o amueblar su casa de la manera adecuada. Nada más dar un rápido vistazo alrededor, Nate pudo percatarse de que tenía razón. La casa tenía las mismas características que la de un pobre estudiante universitario: cajas que servían de estante, una mezcolanza de tipos de muebles y ningún tratamiento en las ventanas. El doctor quería que Nate le ayudara a "decorar" su casa.

Puesto que Nate se enorgullece de practicar el feng shui, no necesariamente de ser decorador de interiores, activó simplemente dos áreas del bagua y lo dejó así. Nate explicó que esas dos áreas ayudarían a que el médico adquiera el conocimiento que necesitaba para completar su tarea y tener confianza en su habilidad de tomar decisiones. Nate también explicó que la mejora del área de Creatividad le haría florecer el aspecto creativo del médico reprimido por mucho tiempo y le ayudaría con ideas sobre decoración. Nate dejó al doctor que se las arreglara por sus propios medios.

Unos dos meses después, el doctor le pidió a Nate que visitara de nuevo el lugar. Al entrar, Nate se quedó estupefacto. Era bellísimo: justamente la cantidad adecuada de toques femeninos y masculinos. "Pero algunas de estas cosas son hechas a mano. ¿Quién las hizo?", preguntó Nate. El médico respondió, orgulloso: "Yo las hice". Dijo que había ido a la tienda de artesanías y había encontrado lo necesario para hacer las cosas que quería y, simplemente, las había hecho por sí mismo. Quizá su área de Personas Serviciales y Viajes estaba ya funcionando en su favor, porque no tuvo problema ninguno para conseguir ayuda de las dependientas en la tienda.

Tonto, tontísimo

¿**A**caso no detestas cuando no puedes tomar una decisión acerca de algo? ¿No sería fabuloso que pudieras pedirle a alguien que seleccionara lo mejor para ti, cuando estás atascado en el medio de una decisión importante? Bueno, si tienes la bola mágica adecuada que trabaja tiempo extra, puede que trates este nuevo planteamiento con un amigo. Lo divertido de todo esto es que puedes conseguir que tu amigo tome las decisiones por ti sin que siquiera esté al tanto del asunto. Esta técnica usa visualización. Esa visualización utiliza la misma sabiduría y energía universales que utiliza el feng shui. Y mientras más fortaleces tus habilidades de visualización, más rápidamente podrá el feng shui cambiar tu vida. Así pues, si has mejorado el área de Habilidades y Conocimiento, pero aún te encuentras en aprietos y sientes que tienes que decidir sobre algo inmediatamente, prueba esto:

1. Escribe tres resultados alternativos o probables y asígnales un número. Por ejemplo, si estás pensando en refinanciar la hipoteca de tu casa, puedes escribir: "(1) Conseguir un préstamo con un nuevo banco. (2) Conseguir un nuevo préstamo con el mismo banco. (3) No refinanciar por ahora".

2. Dile a un amigo que te gustaría llevarlo a una visualización guiada, para que te ayude a tomar una decisión.

3. Aquí está la parte divertida. Puedes llevarlo a cualquier parte. Escoge algo que tú creas que le llamará la atención o algo que tú creas que él podría visualizar bien. Algunas de mis visualizaciones favoritas son la playa (tres cosas se depositan en la playa), la galería de compras (tres nuevos almacenes), el programa de juegos *Let's Make a Deal* (selecciona entre la caja, la puerta o la cortina), una nueva casa (entra en tres habitaciones nuevas) y un restaurante (prueba tres platos distintos).

4. Dile que cierre los ojos y luego descríbele a dónde lo estás llevando. Por ejemplo, dices: "Hay una nueva galería de compras. Tú decides ir a verla. Entras y comienzas a explorar el interior. Te intriga lo que ves y te entra la curiosidad por algunas de las tiendas nuevas. Llegas a la primera tienda y entras. Dímelo que ves". Luego, dejas que te diga lo que encontró en su interior; por ejemplo: "Es una tienda de ropa de vaqueros. Hay cosas bastante bonitas, pero yo no uso este tipo de ropa. Más bien me deja aburrido y desinteresado". Luego, lo guías hacia la próxima tienda y dejas que él te describa de qué se trata. Él responde: "Es una fabulosa tiendita de venta de regalos, llena de velas fragantes, papelería muy interesante y camisetas fabulosas". Tú podrías preguntarle si está interesado en algo y hacerlo que describa cómo se siente acerca de la tienda. Entonces, él dice: "Sí, estas cosas son en verdad fantásticas. Definitivamente regresaría a esta tienda". Luego, van a la tercera tienda. Él dice: "Uff, es

una ferretería. Luces fluorescentes desagradables y ruidosos y molestos montacargas. Me siento incómodo. No quisiera comprar aquí". Mientras él está describiendo las tiendas, tú escuchas las descripciones como si le hubieras preguntado cuál era su opinión en torno al tema del refinanciamiento. La tienda de ropa de vaquero (1) era la opción de conseguir un préstamo con un nuevo banco. La de regalos (2) era la opción de conseguir un nuevo préstamo con tu banco actual. Y la ferretería (3) era la opción de no refinanciar de momento.

5. Finalmente, lo sacas del lugar y le preguntas algo como: "¿A cuál de las tiendas necesitas regresar o te gustaría regresar?" (No hagas presunciones, basándote en sus descripciones, de cuál crees tú que él escogería . . . puede que te sorprendas.) Él dice: "Me gustaría regresar a la venta de ropas de vaqueros. Aunque no uso ese tipo de cosas, me gustaría regresar para comprarle algo a mi papá para su cumpleaños. Justo en este momento, ésa es mi necesidad más inmediata".

6. A partir de su respuesta, podrías conseguir un préstamo con un nuevo banco: la alternativa número uno en tu lista. Aunque a él le gustaron las cosas en la tienda de regalos (número dos), escogió regresar a la opción número uno. Él ha tomado para ti la decisión sobre refinanciar sin siquiera enterarse.

Todos somos maestros y estudiantes

Las relaciones son el mejor salón de clases para conseguir muchas habilidades. Las lecciones más importantes de la vida involucran una relación de algún tipo. Recuerda lo que has aprendido hasta el momento sobre ser un niño, un semejante, un mejor amigo, un empleado, un estudiante mientras sostenías una relación con uno de tus padres o guardianes, un colega, un amigo, un jefe, un maestro, y verás a lo que me refiero con esto. No es coincidencia que las áreas de Habilidades y Conocimiento, y

Relaciones y Amor estén ubicadas en dirección exactamente opuesta la una a la otra en el bagua (ver Ilustración 39). Escoge una cura y empréndela. ¡No te arrepentirás!

Todo está en las manos

Las manos son lo que corresponde a este gua, así que dales un descanso a esos callosos, áridos o agotados miembros y mejora esta área para ellos.

El 7, número de suerte

Las vibraciones del número 7 son la correspondencia más próxima al gua de Habilidades y Conocimiento (sabiduría). Este número lleva consigo las energías de la contemplación, la fuerza

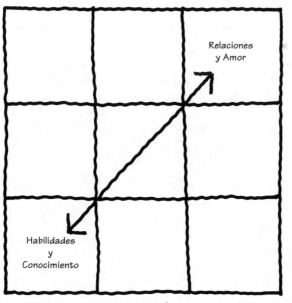

ILUSTRACIÓN 39

interior y la iluminación espiritual. Si te encuentras con que hay muchos sietes en tu vida, le has pegado al gordo en el casino de la sabiduría. Manténte, sin embargo, vigilante; si es el dinero lo que te interesa, puede que tu suerte ya se haya acabado: la iluminación espiritual y la contemplación por lo general no pagan bien en el departamento de bienestares materiales.

Artículos de acción inmediata para Habilidades y Conocimiento

1. Aleja las drogas, el alcohol y cualquier cosa que tú fumes de esta zona.
2. Despeja el abigarramiento.
3. Agrega las mejoras, según sea necesario.

Habilidades y Conocimiento en breve

Herramientas de poder: azul, libros, luz, alimentos, cosas que recuerdan la sabiduría, símbolos de mentores o gente sabia, metal, agua, negro, madera, verde, objetos para la meditación, altares de acción de gracias, símbolos de las habilidades y conocimientos que tú quisieras poseer.

Materiales peligrosos: abigarramiento, cosas que frenan el proceso mental, símbolos de imprudencia.

Gua opuesto: Relaciones y Amor

Partes del cuerpo: manos

Número asociado: 7

capítulo 9

Mantén a la familia en armonía — Familia

Oh, ese tema delicado: la familia. Todo el mundo tiene sus propias opiniones y sentimientos al escuchar la palabra. A algunos les produce dolorosos recuerdos de rivalidades con sus hermanos y angustia juvenil, mientras que para otros es una sensación de pertenecer a algo que no puede recrearse con nadie más. Y luego está cada pensamiento y sentimiento posible entre ambos extremos. El área de Familia en el hogar es tu fundación, el sitio donde te refugias y proteges. Si careces de esto, tu mundo está afectado interminablemente. Puede que tomes decisiones que se originan en el miedo, más que en el amor, que te alejarán de encontrar la felicidad de la que deberías disfrutar en la vida. La familia puede ser lo mismo parientes consanguíneos o no, de manera que no desistas de leer este capítulo si no tienes parientes consanguíneos.

Si mueves intencionadamente las cosas apropiadas del feng shui en la sección Familia de la casa, podrás:

- ⊙ sentirte más seguro en todas las áreas de tu vida
- ⊙ mejorar tu vida sexual
- ⊙ cimentar una base más vigorosa que te permita acometer los desafíos de la vida con más confianza y menos estrés

- mejorar las relaciones familiares y llevar armonía hacia los asuntos familiares
- comenzar a experimentar que tus parientes no consanguíneos te traten como uno de la familia
- mejorar tu negocio e incrementar tu salario
- conseguir una promoción
- crear una situación en la cual siempre cuentes con el dinero necesario para pagar tus cuentas
- encontrar equilibrio con tu estabilidad emocional
- mejorar tu salud física y mental
- tomar mejores decisiones en la vida

Si ingresas por la puerta del frente y te diriges hacia tu izquierda, en dirección del centro de la pared de ese lado, encontrarás el área de Familia de la casa (ver la Ilustración 40). La energía en esta zona de la casa influye en cuán protegido y segu-

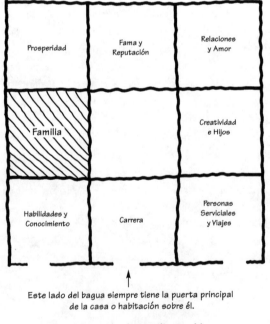

Este lado del bagua siempre tiene la puerta principal
de la casa o habitación sobre él.

Ubicación de Familia en el bagua
FIGURE 40

ro tú te sientas en la vida y cómo te relaciones con los miembros de tu familia (consanguíneos o no). La energía aquí es el fundamento en tu vida. Echa un vistazo a tu alrededor para percatarte de si has sido debilitado en esta área por el mal feng shui en tu casa.

He aquí algunas herramientas poderosas y materiales peligrosos sobre los cuales debes estar enterado.

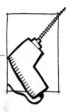

Herramientas poderosas para Familia

Madera La madera es el elemento para esta área del bagua. Portarretratos de madera con miembros de tu familia en ellos son fabulosos para esta área. Si no tienes ninguno, no es un gran obstáculo. Hay muchísimos objetos más de madera en el mundo. Aficionados al deporte, usen su bate de madera o su palo para hockey.

¿Ninguna madera por ningún lado? Vete a la cocina a buscar mondadientes o palillos chinos: un poco de madera es mejor que nada.

Recicla las cosas de la naturaleza: recoge las piñas del pino o bellotas de debajo de un árbol y apílalas en un cuenco y llévalas como un símbolo de la simiente familiar. Otros productos de madera son el papel, el mimbre, el junco y el bambú.

Cosas verdes Madera y verde significan lo mismo en feng shui, de manera que si esas fotos de la familia están en marcos de madera verdes, muchísimo mejor. Le pedí a una clienta mía, que decía querer tener hijos, que colocara madera en esta área de su casa. Le sugerí una planta en forma de árbol. Cuando volví unas semanas después vi que ella había escogido una gran rama disecada de sauce, del tipo que las floristas utilizan para sus arreglos. ¡Vaya forma de empezar una nueva familia! La moraleja: nada de cosas muertas.

¿Nada verde y te estás desesperando? Saca esa cursi camiseta verde que te ganaste en la taberna en el Día de San Patricio en el concurso de bebida y ponla a trabajar aquí. Si todo lo demás falla, trata con un cuenco de madera repleto de aguacates o bró-culi. En la sección Familia, haz que tus hortalizas trabajen a beneficio tuyo.

Plantas   Cuida de ellas en esta área y te devolverán el favor.

Objetos rectangulares o columnares   Un rectángulo orientado verticalmente simboliza madera. Los objetos que tienen esta configuración pueden ayudarte a conseguir el ch'i que estás buscando en este gua. Acerca de esos marcos verdes que hemos estado usando, hazlos rectangulares.

Agua   Hemos regresado de nuevo al Ciclo Creativo: el agua alimenta la madera. Yo amplié tres fotos de los canales de Venecia tomadas durante mis vacaciones, con todo y góndolas y postes de barbería, y las coloqué en el área Familia de mi dormitorio principal (que está en el gua de Hijos de mi casa). Cuelgan justo encima de mi cama de agua con marco negro. Ahora bien, eso es bastante agua, tanto literal como simbólicamente. Pero la habitación está equilibrada con paredes pintadas en colores tierra apacibles y con telas estampadas. Mi romántico retrato de Venecia operó maravillas para mi vida familiar. ¡Y tengo a mi pequeñuelo para comprobarlo!

Mis fotos ampliadas están montadas en madera liviana y no tienen vidrio. Digo esto porque colgar objetos sobre la cabecera de la cama es, en ocasiones, incómodo, especialmente para quienes viven en áreas donde los sismos son frecuentes. No uses esta curación si sientes alguna incomodidad al tener algo pendiente sobre el cuerpo mientras duermes.

Negro   Negro es el color del agua. Úsalo aquí y observa la forma en que las cosas comienzan a fluir con relación a tu familia, tus hijos y tus necesidades monetarias básicas.

Formas ondulantes   Puesto que el agua es el elemento que asume cualquier forma, cualquier otra configuración que no sea redonda o triangular se considera adecuada aquí.

Materiales peligrosos para Familia

Metal   A veces mis amigos me piden mi consejo, cuando en verdad no quieren escucharlo. En una ocasión en que me visitaba, mi amiga Melody me preguntó qué consejos de feng shui tenía para su casa en Florida (ella era la que tiraba por todos lados el color rosa que yo mencioné antes en el capítulo sobre Relaciones). Dijo que había encontrado una fabulosa cama de metal y que iba a comprarla tan pronto como volviera a casa. De inmediato, le expliqué a ella que si iba a colocar esta cama en la sección Familia de su casa (en el área Fama de la habitación) eso le podría producir un desequilibrio con tópicos de Familia (metal corta madera). La noticia pareció desinflarla. Al percatarme de que en verdad quería comprar esa cama, le dije entonces lo que yo haría con alguien que tuviera este problema. Rojo, el símbolo del fuego, ayudaría a derretir algo del metal; de esa manera, ella podía utilizar el Ciclo Destructivo para beneficio propio (el rojo también realzaría el área Fama de la habitación). Puesto que ella no creía que sábanas o almohadas o un edredón rojo fueran lo indicado para ella (¡vamos, a menos que estuviera interesada en una vida romántica al rojo vivo!) le aconsejé que atara cintas rojas alrededor de las patas de la cama y, quizá, que colocara alguna tela o franela roja bajo el colchón, con la intención de reducir el impacto del metal. También le dije que introdujera algunos elementos del elemento agua en el área (aunque ésta es el área Fama de la habitación y el agua parecería ser destructiva, el mayor de los baguas —el gua Familia de la casa— necesita es-

---

De igual manera que el universo sostiene a nuestro pequeño planeta en el espacio, el planeta sostiene juntos a los océanos y masas terrestres. Y de la misma forma en que esas masas terrestres (digamos el ambiente, o la propiedad) sostienen nuestra casa, la casa sostiene también las habitaciones en su interior. Y así como las habitaciones sostiene en orden los muebles, los muebles sostiene a la gente con que vive y usa los muebles. Un buen feng shui siempre se está asegurando que el paisaje más amplio está en equilibrio, a fin de que las piezas más pequeñas puedan desempeñar su función.

tar equilibrado para respaldar la habitación). El agua creará madera para ella.

Le dije a ella todo lo referente a las herramientas poderosas y a los materiales peligrosos para este espacio y la dejé que tomara una decisión propia sobre lo que iba a hacer. Ella dijo que reconsideraría la compra de la cama, me agradeció mis consejos y volvió a Florida.

Unos tres meses después, recibí una llamada suya. "¡Mi familia me está volviendo loca! Estoy lista para desheredarlos a todos", se quejó. He conocido a Melody durante dieciséis años y jamás la había oído hablar con tanto disgusto sobre su familia. Estaba, en verdad, irritada. Después de escuchar durante un rato, de súbito recordé nuestra última visita y la interrumpí en mitad de una frase, preguntando: "¿Compraste esa cama de metal?" Después de un momento de silencio, ella respondió: "Sí, pero le puse un travesaño por debajo".

"¿Acaso yo dije algo acerca de un travesaño? ¡No lo creo!", chillé. "Pero si de verdad quieres un travesaño en tu casa, creo que puedo trabajar con eso. Obviamente, la madera sigue siendo abrumada por el metal. O bien agrega otros dos travesaños y refuerza el feng shui con un puñado de intención, o mete ahí algo rojo para hacerse cargo de ese metal".

Qué más puede hacerse por una amistad . . .

Desde entonces, ella ha agregado velas rojas, un corazón rojo y una pieza roja de franela para calmar el metal y (¡adivinaste!) las cosas, de igual manera, se han calmado con su familia.

Cosas blancas   Blanco es el color del metal y no es lo mejor para tener en el área de madera. Pero si lo haces, he aquí un ejemplo, con algunos consejos valiosos.

Resulta que tengo un sofá grande blanco a lo largo de la pared de Familia en mi sala (el gua Salud de la casa). Cuando ordené el sofá, sabía que tendría que hacer algo para equilibrarlo. Pero, por supuesto, no lo hice de inmediato. Estaba embarazada (gracias a toda el agua en la alcoba principal ¡y, naturalmente, a mi esposo!) y estaba tratando de conseguir terminar la casa antes de la llegada del bebé. La gente nos estaba dando todo tipo de cosas para el bebé, lo que además estaba convirtiéndose en una pila enorme en la habitación de almacenamiento (gua Familia de la casa). Tenía mi área de Prosperidad de cuarto de almacenamiento energizada con todos los presentes y podía ver desarrollándose los eventos que me generarían fortuna, así que no estaba excesivamente preocupada por el dinero. Y como tenía cinco meses de embarazo, pensé que mi vida familiar lucía fabulosa, a pesar de que desorden de las cosas del bebé ganaba fuerza en el cuarto de almacenamiento.

> Si sientes que es necesario guardar una pistola en la casa, por amor de Dios, no la coloques en ninguna parte de la sección Familia. Eso es lo que yo llamo metal *letal*. No es una cosa buena para el área Familia.

Ahora bien, tal como dije antes, la parte Familia de la casa está asociada con dinero para las cosas fundamentales de la vida y está vinculada al gua opuesto: Hijos. Dos meses después yo comencé a vivir la vida de una persona cuya sala (en el centro de la casa, o área Salud) y cuarto de almacenamiento (Familia) están fuera de equilibrio.

Mi hijo nació dos meses antes de tiempo. Él tuvo que pasar casi un mes en el hospital (lo que, de paso, acumuló una tonelada de cuentas). Usamos el dinero que habíamos guardado para el pago de impuestos a fin de pagar los hospitales y doctores. Eso también significó dos meses de tiempo perdido en el trabajo, lo cual nos puso muy rápidamente en demanda de dinero en efectivo. Una vez que el pequeño salió del hospital, comenzamos a acumular todas las nuevas cuentas acostumbradas cuando se tiene un bebé y nos sentimos aún más agobiados. Lo único que sí hice cuando finalmente lo llevamos del hospital a casa fue acomodar su cuarto totalmente con feng shui —baguas de coloridos papeles por todos lados, no había tiempo para pintar— y eso pareció funcionar. Jamás se enfermó.

Un día, por fin tenía tiempo para tomar control de mí misma y dar un vistazo alrededor, a fin de ver qué podía hacer. Entonces me acordé. Jamás había hecho nada con el sofá blanco (mi intención había sido comprar un gran cobertor en tonos rojizos para colocarlo encima). Rápidamente, comencé a cortar triángulos rojos, baguas negros y rectángulos verdes de cartulina y los adherí a la pared detrás del sofá. Seguí añadiéndolos hasta que sentí que había suficiente de cada uno (rojo para derretir el metal, verde para madera y negro para agua, para alimentar la madera).

La cartulina de colores es una buena cura porque es barata y rápida, y la puedes esconder fácilmente.

Luego, fui hacia el cuarto de almacenamiento en el gua Familia (ahora atiborrado de cosas de bebé). Organicé, limpié y boté los objetos innecesarios, y colgué un cristal en la habitación sin ventanas para alegrarlo un poco. Luego lo reforcé con intenciones y bendiciones (descritas en el Capítulo 12) y confié fielmente en que todo saldría bien ("esperar fielmente" es la parte más difícil del feng shui cuando estás en medio de una crisis).

Y aquí está el resultado de hacer todo eso.

En menos de un mes, la abuela de mi esposo ofreció pagar el resto de las cuentas del hospital. Dos meses después, inesperdamente, mi madre nos dio varios miles de dólares, que nos quitaron de encima el fantasma del recaudador de impuestos. Y aproximadamente una semana después de eso, la madre de mi esposo nos dijo que ella se haría cargo de pagar todas las cuotas de nuestro seguro médico. No sé qué piensen ustedes, pero yo nunca en la vida he tenido a nadie que se ofrezca a pagar ninguna de mis cuentas. Todos los resultados provinieron *a través* de miembros de mi familia y tuvieron que ver con *Salud* e *Hijos*, las dos áreas afectadas por mis intenciones de feng shui.

Cuando Cole tenía unos catorce meses, finalmente me comprometí a crear una genuina habitación de bebé para él y a deshacerme de la apariencia de feng shui temporal (todos esos baguas de papel pegados alrededor de la habitación comenzaban a verse realmente patéticos). Quité todo para pintar las paredes. ¿Pueden ustedes creer que, en cuestión de cuarenta y ocho horas ya habría sufrido su primera infección del oído? Tras volver de la consulta médica, tiré de inmediato una margarita bagua y colgué un cristal del centro del cielo raso de la habitación. Cole se había sanado en cuestión de un par de días, sin necesidad de antibióticos.

Aunque soy consultora de feng shui, a veces también dejo que me atrapen las circunstancias y siento como si no hubiera conexión entre mis cosas y la vida. Pero después de este tipo de acontecimientos, me he vuelto más creyente que nunca. También pienso que, a raíz de eso, soy una mejor consultora.

Cosas redondas   Éste no es el mejor sitio para el juego de vajilla de porcelana, los mantelitos heredados o la codiciada colección de pelotas de béisbol, porque lo redondo es la forma simbólica del metal.

Árboles "Charlie Brown"   Visité una casa en donde ahí, justo en el centro de la sección Familia, estaba la versión más triste de un higo de plástico que jamás hubiera visto antes. Esta cosa era flácida, polvorienta y se inclinaba fuera de la maceta por lo menos 60 grados. Le dije a la propietaria: "Bueno, aquí tenemos tu árbol familiar. ¿Qué te parece?"

"¡Caramba! ¡Ahora entiendo!", respondió, mientras tiraba el arbolito fuera de la casa.

(Cambia este material peligroso por una herramienta de poder para Familia reemplazándolo con un árbol bellísimo, saludable y vigoroso: un árbol que represente lo que tú estás buscando en tu familia. También le daría un nombre y lo trataría, amorosamente, como miembro de la familia.)

Una familia de escándalo

Hay uno en cada familia —la oveja negra, el inadaptado, el bochorno total—, el miembro de la familia que se deleita en agitar al resto. Digamos, por el momento, que se trata del tío Ned. Te está volviendo loco. Su idea de divertirse es atormentarlos a todos con su repugnante humor y sus sarcásticas réplicas a todo lo que alguien dice. Tu opinión personal de él es que, sin ayuda de nadie más, él te amarga la vida. Definitivamente no tienes con frecuencia pensamientos nada amorosos con respecto a él. La sola idea de aplicar feng shui a tu área de Familia te atrae, pero luego temes que, accidentalmente, te deshagas del tío Ned en vista de tus pensamientos menos que carativos sobre él. Aunque la vida con Ned es miserable, tampoco necesitas esa culpa en tu conciencia.

No te preocupes. Si tus intenciones están donde son, no puedes herir a nadie. El universo comprende las intenciones y no comete errores. Mejorar las energías de feng shui en el gua de Familia puede hacer que sucedan una de estas tres cosas en la situación del tío Ned:

1. La persona con quien tu éstas fuera de armonía cambia súbita o gradualmente y, finalmente, cesa de incomodarte. (Ned se calla la boca.)
2. Tú cambias. (Ned sigue tan raro como antes pero, milagrosamente, él ya no te irrita más.)
3. La situación de desequilibrio se aleja de tu vida durante tanto tiempo como sea necesario. (Ned decide, de súbito, emprender un viaje alrededor del mundo de un año de duración.)

Si te propones encontrar un mejor equilibrio en tu familia y dejas al universo el resultado específico, la situación se resolverá por sí sola de la mejor manera posible.

Lazos familiares

Los miembros de la familia poseen la lealtad más enérgica posible. La lealtad une muy estrechamente. El gua Familia está asociado con la virtud de la lealtad. Lo mismo si buscas lealtad de parte de tus padres, compañeros de trabajo, compañeros de cuarto o amigos, la gente leal es gente maravillosa para tenerla cerca. En ocasiones es simplemente agradable tener a alguien que te defienda, para variar. La mafia y la familia Kennedy son dos de los ejemplos grandiosos de tal lealtad familiar. Tú sabes que te encuentras en un círculo sagrado si eres miembro de cualquiera de esos dos clanes. Tener raíces en ancestros leales puede ser muy beneficioso a través de la vida. Las raíces fuertes estabilizan tu fundación. Las raíces fuertes ayudan a que crezca el árbol familiar. Raíces, árboles . . . ¿acaso extraña que la madera sea el elemento para este gua?

Reliquias de familia

A veces, heredar o recibir cosas no es tan fabuloso como algunos pregonan. Hablemos, primero, de las cosas físicas. A mí nö me importa cuánto dinero valga o por cuánto tiempo haya estado dentro de la familia; si se te ha dado algo que a ti no te gusta o no puedes usar, para ti es un lastre. Es tan difícil desprenderse de este tipo de abigarramiento (el tipo que lleva consigo lo mismo un recuerdo sentimental que una sensación de culpa), pero es necesario hacerlo para que sigas firme en tu intención de mantenerte a salvo en lo relacionado con tópicos familiares. Trata de encontrar una nueva casa para las pertenencias (un museo, una organización caritativa, otro miembro de la familia, un amigo). Cuando murió mi abuelo, mi padre me preguntó si había algo que yo quería de su casa. Respondí: "Un cernidor de harina". Fue todo lo que pude pensar que necesitaba en ese momento y tenía recuerdos específicamente agradables de hornear junto a mi abuela, difunta desde hacía mucho. Cualquier cosa (con excepción de dinero) habría sido abigarramiento para mí.

Y si recibes un obsequio que no te gusta o no puedes usar, no cargues con la culpa de tener que exhibirlo en tu casa. Considéralo un succionador de energía. No mantengas a tu alrededor ese tipo de objetos. ¿Quién los necesita? ¡Tú no! Me acuerdo de haberle dicho específicamente a mi madre, justo antes de que ella y papá se fueran de vacaciones a Alemania: "¡No importa lo que hagan, no vayan a traerme una Hummel!" Desempolvar esas pequeñas figurinas alemanas de porcelana sobre los estantes no es mi idea de diversión. Y me tiene sin cuidado cuánto se aprecian en valor.

Úsalo o piérdelo.

Ahora ha llegado el momento de traer a cuento esas cosas no físicas que se transmiten a los descendientes, cosas como una sensación de escasez, una sensación de vergüenza, de haber contraído una dolencia que "corre en la familia". En vista de que son invisibles, legados como ésos son mucho más difíciles de detectar, pero son tan debilitantes como el abigarramiento físico. Mucha gente que ha crecido durante épocas difíciles transmite el legado de que el mundo es un sitio difícil para vivir o de que en verdad tienes que trabajar duro simplemente para sobrevivir. Algo de eso es subconscientemente; otros propagan esos relatos "por tu propio bien". Pasar el tiempo desmenuzando ese abigarramiento mental que te han entregado es probablemente uno de los procesos más catárticos que podrías llevar a cabo en tu vida. Una grandiosa forma de iniciar el proceso es mejorar tu gua de Familia (para los ancestros), el área de Habilidades y Conocimiento (para la sabiduría de saber qué hacer) y el gua de Fama (para la valentía de seguir adelante bajo condiciones difíciles). Acompañar esto de la ayuda de un profesional es una buena idea, en caso de que la carga que tengas sea agobiante.

Sólo porque alguien lo está haciendo, no quiere decir que debes aguantarlo.

Tú eres quien decide: ¡elige bien!

Si tienes funcionando bien tu área de Habilidades y Conocimiento y aún así te encuentras tomando malas decisiones, mejora el gua de Familia de la casa. Estar cuidado es el objetivo primordial de este gua. Si estás cuidado, provienes de un sitio más poderoso en la vida y eres, por lo tanto, capaz de tomar decisiones más claras. Por otra parte, si te estás preocupando por pagar el alquiler de tu casa y sientes como si anduvieras a la deriva, sin poseer una base estable en la vida, tu facultad de tomar de decisiones reflejará eso.

Claire se quedó sin empleo durante varios meses. Comenzó a preocuparse en exceso por ello y a pensar en cada centavo que gastaba. En lugar de hacer llamadas para conseguir empleo, comenzó simplemente a leer el periódico y a enviar curriculum vitae por correo. En lugar de ir cada mes al almuerzo para entablar contactos, almorzaba en su casa, a solas. En lugar de comprarse el traje de negocios, vivía en sudadera y pantalones de ejercicio, guardando su ropa bonita para cuando consiguiera empleo.

Claire proviene de un lugar de miedo. Está perdiendo oportunidades, lo cual nada más aumenta sus probabilidades de seguir desempleada. Recuerda, cuando mejoras tu casa con feng shui, colocas tu pedido con el universo. Tú *debes* creer que el universo tomó tu pedido y está trabajando para satisfacerlo. Al poner toda su energía en ahorrar su dinero y preservar su ropa, Claire estaba dándoles el poder a esas preocupaciones, en lugar de darle poder a su pedido de feng shui. *La energía sigue al pensamiento.* Su energía estaba sumamente atareada conservando el dinero, en lugar de ir a buscar trabajo.

| Sanando viejas heridas |

Si has mejorado tu casa apropiadamente y has esperado con plena fe, pero te encuentras con que algo le hace falta a tu vida, regresa a la sección de Familia. Puede que haya ch'i atascado a causa de un trauma infantil que aún te afecta (aunque ni siquiera estés consciente de ello). Siéntate tranquilamente en esta parte de tu casa, medita o, sencillamente, pide ser sanado. Si quieres saber qué es eso que hace falta, pide que se te revele. Pero me he encontrado con que saber no es necesario para ser sanado.

He aquí dos rituales de depuración, el primero para aclarar el pasado distante, el segundo para acontecimientos más recientes.

1. Consigue tres pedazos nuevos de papel rojo y una pluma nueva de tinta negra. Escribe sobre los papeles rojos todas las cosas que se necesita depurar. Si crees que hay algo en el pasado que puedas haber bloqueado de tu memoria, escribe que sea liberado también, aun cuando tu subconsciente no te permita recordarlo. Al mediodía o la medianoche, quema esos papeles y pide que todas esas cosas sean liberadas de tu energía. Da gracias.

2. Cada noche, antes de irte a dormir, revisa tu día en busca de sucesos acontecidos que tú consideres negativos. Si hay algo que, o bien tú querías que no sucediera, o que deseas que pudiera cambiarse, reprodúcelo en la mente y cambia, mentalmente, el resultado por algo positivo. Mientras más rápidamente lo cambies, menor será el tiempo que tiene para impactarte enérgicamente.

Manténte en el presente. No arrastres ya más la energía del pasado junto a ti. Libérala, perdonando.

Reclama tu espacio

Aun cuando los chiquitines usualmente no pagan alquiler, es importante que los niños tengan su propio espacio. Lo mismo si se trata de una habitación entera o de una porción pequeña de una habitación que sea exclusivamente suya, es importante que cada miembro de la casa tenga una sensación de espacio y límites.

Si un miembro de la familia parece estar desarraigado (dando señales de que va a la deriva o está tomando malas decisiones), coloca rocas redondas en cada una de las esquinas de la casa o en cada área del bagua. Las rocas colocadas en el centro de una habitación (quizá bajo una cama) también funcionan.

> Un buen practicante de feng shui siempre le pregunta a cada niño (o a cualquier ocupante de la casa que no solicitó, específicamente, la presencia del consultor del feng shui) si está bien que entre a su habitación o espacio.

Si estás viviendo con alguien que no comparte tus gustos, puede que estés viviendo en tu casa con objetos que detestas (esa vieja y triste pintura de payaso que te dieron tus suegros o el cuadro de perros *bulldog* jugando al póker que tu compañero de cuarto ha colgado sobre el inodoro). Eso puede estar drenándote de energía positiva que es sumamente necesaria. Revisa todos esos objetos con todos los miembros de la familia o con tus compañeros de cuarto, discute tus sentimientos con franqueza y trata de averiguar si estaría bien que se sacaran de la casa. Si otras personas están demasiado apegadas a ellos y los quieren conservar, trata de designar un espacio específico en donde puedan exhibir las cosas que les encantan; ojalá que sea un espacio en el que tú habitas o transitas con poca frecuencia.

> Ámalo o piérdelo.

Olvida tus complejos sexuales

Si tus padres llegaron a sentarse contigo para sostener *la conversación*, sabes cuán incómodo puede ser cuando miembros de la familia y el tópico del sexo se entrecruzan. Pero, para bien o para mal, la mayoría de tus ideas, pensamientos y complejos sobre el sexo provinieron de la familia con la cual creciste, lo mismo si la plática tuvo lugar o no. Cuando pienses sobre el tema, deberías probablemente ser un poco benevolente con tus padres. Después de todo, ellos heredaron de sus padres la mayoría de sus complejos. (Un gran consejo: evita, ahora, las ilustraciones mentales.)

La gente que te crió te ha llenado la mente, lo mismo consciente que subconscientemente, con muchos valores, incluyendo los relacionados con el sexo, de igual manera que sus ancestros lo hicieron con ellos. Los complejos podrían provenir de ideas religiosas o socioculturales, o simplemente de una pésima traducción de alguien que en verdad trataba de transmitir buena información. Así que, si hay un complejo en tu vida sexual, un buen sitio para comenzar a reparar o tratar este problema es el área de Familia de la casa. En vista de que te criaron de una forma particular, con ciertas nociones sobre el sexo profundamente incrustadas en a mente, puede que te sea difícil revisar tal información con objetividad. Pero si sospechas que se te ha dado información inadecuada, coloca un objeto (vuelve a herramientas de poder) en el área Familia, con la intención específica de permitirte a ti mismo distinguir entre las verdades y falsedades que se te han dicho con relación al sexo. Pide tener la valentía de cambiar (realza Fama y Reputación para esta valentía), de manera que puedas vivir tu vida con plenitud, amor y libre de complejos. He aquí una afirmación de muestra: "Vivo mi vida libre de cualquier falsedad relacionada con el sexo. Perdono, totalmente, a cualquiera que me haya dado información errónea".

Papi, me preocupa nuestro hijo

Puesto que los guas de Hijos y Familia están directamente opuestos, se afectan grandemente entre sí. Si tienes desafíos específicos con tus hijos y posees todas las herramientas poderosas imaginables en el área de Hijos y Creatividad, trata de realzar la zona de Familia. Una curación tradicional para incrementar el vigor familiar y hacer que los hijos se reconecten con la familia consiste en comprar una nueva planta para cada niño y una planta para los padres, como pareja. Coloca estas plantas en el área de Familia del dormitorio principal. Ata una cinta roja alrededor de todas las plantas y duerme durante nueve noches con las plantas así. Después de ese tiempo, toma nueve pizcas de tierra de la planta que representa a los padres y colócalas en cada una de las plantas de los niños. Luego, coloca la planta de cada niño en su propio cuarto o espacio. Ésta es una de esas curaciones tradicionales que es sumamente simbólica o ritualística, pero que se ha establecido que funciona sumamente bien.

También, puesto que el gua Familia se trata de un cimiento sólido y el gua de Creatividad y Niños se trata de libertad, agrega a Creatividad si consideras que estás demasiado aferrado a tu forma de ser.

Pies contentos

Puesto que el pie es la parte del cuerpo asociada con la sección de Familia de la casa, sería prudente mejorar esta área si hubiera alguna preocupación de salud relacionada con un pie o con ambos. Señoras, ¿siguen todavía atorando los dedos en esos zapatos puntiagudos? ("¡Qué dolor!", lo mismo por motivos de moda que por razones de salud.) Denles un masaje para que descansen.

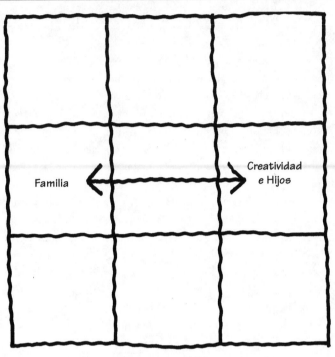

ILUSTRACIÓN 41

Los cuatro rincones de la tierra

El número que mejor describe el gua de Familia es el 4. El cuatro es estable y seguro, completo y unido . . . como debería de ser una familia.

Artículos de acción inmediata para Familia

1. Retira toda arma de fuego del área.
2. Enmienda o repara cualquier cosa que lo necesite.
3. Añade mejoras sin son necesarias.

| Familia en breve |

Herramientas de poder: madera, verde, plantas, objetos rectangulares o columnares, agua, negro, formas ondulantes.

Materiales peligrosos: metal, blanco, cosas redondas, árboles "Charlie Brown".

Gua opuesto: Niños y Creatividad

Parte corporal: pie

Número asociado: 4

capítulo 10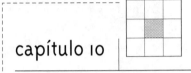

La salud es lo primero — Salud

Dale al centro de tu casa, o al área de Salud, un tratamiento feng shui y verás:

- más salud óptima
- una sensación de equilibrio en la vida
- mejora en las situaciones vitales que tú no podrías acomodar en ninguna otra área del bagua de la casa

Yo uso esta área del hogar para mejorar las preocupaciones sobre la salud, debido a que ella es un epítome de equilibrio: energías yin y yang completas. Si tu cuerpo físico está en equilibrio, puedes encaminarte a conseguir todo lo que te propones hacer, dándolo todo. He escuchado describir a esta área del hogar como el sitio donde todo y nada pasa.

La única forma en la que el feng shui podría posiblemente no funcionar es si tú (es decir, tus energías físicas, mentales y espirituales) estás tan dislocado que superas sus fuerzas sacándole la energía. Si no consigues resultados del feng shui, el único espacio que queda por mirar en busca de lo que está afectando el resultado es dentro de ti mismo. La parte Salud de la casa trata precisa-

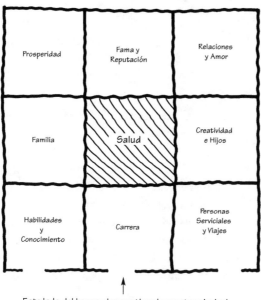

Prosperidad	Fama y Reputación	Relaciones y Amor
Familia	Salud	Creatividad e Hijos
Habilidades y Conocimiento	Carrera	Personas Serviciales y Viajes

↑

Este lado del bagua siempre tiene la puerta principal
de la casa o habitación ubicado sobre él.

Ubicación de Salud en el bagua
ILUSTRACIÓN 42

mente de eso. Y a propósito, a menos que seas una Helen Keller o
un Christopher Reeve, cuyos desafíos físicos son una inspiración
para muchos y parecen ser un aspecto integral del sendero de su
vida, no hay motivo para tener menos que salud óptima.

¿Dónde está el centro? ¿Tengo que medir para encontrarlo?
Ninguna medición es necesaria. Todas las áreas del bagua se mez-
clan sutilmente cada una en la otra, igual que los colores del arco
iris. No hay necesidad de medidas exactas en parte alguna (ver Ilustración 42). Y el centro del bagua es todavía menos exacto que el
de los otros guas. Se extiende hacia afuera y toca a cada una de las
ocho áreas de la casa. Así pues, declara que *tu* centro, o gua Salud,
está en alguna parte dentro o cerca del centro de la casa y decóralo
según conviene. Escoge una mesa contra una pared para desplegar
tus símbolos del feng shui, si es que no hay absolutamente nada
más que puro aire en el centro mismo. Estará lo bastante próximo
a este gua para causar que el ch'i cambie. El único sitio en donde

no se recomienda colocar tus artefactos de Salud es cerca del área de Carrera de una casa o habitación, porque la tierra contiene agua.

He aquí las mejores y las peores cosas para la salud en feng shui.

Herramientas poderosas para Salud

Tierra La tierra es el elemento para el centro. El elemento se puede introducir en un espacio de manera bien sencilla, agregando una planta saludable en una maceta hecha de material y color tierra. Siempre que no sea un árbol (acuérdate, la madera desarraiga la tierra), prácticamente cualquier planta funcionará. Trata de escoger una planta que a ti te diga que es "saludable y feliz". Si debes utilizar plantas de seda, debido a restricciones de luz, coloca nueve cucharadas de tierra de verdad en la maceta para hacerla "genuina" al modo feng shui.

A propósito, para ustedes los holgazanes que tratan de tomar un atajo: la suciedad no cuenta como el elemento tierra.

Cosas hechas de tierra Hay muchos objetos bellísimos hechos de materiales terrosos que pueden colocarse intencionalmente para fines de salud y equilibrio. La porcelana y la cerámica, las losetas de barro, las macetas de barro, los pisos de ladrillos y los de piedra natural pueden constituir bellísimos recordatorios de salud. El piso en mi casa es de losetas cuadradas y en forma de bagua de terracota ¿Cuán perfecto es eso?

Frutas Un cesto de frutas frescas puede hacer maravillas para tu salud, lo mismo si las comes que si no lo haces. Simboliza muchas cosas: buena suerte, prosperidad, hospitalidad y salud. Así que colócalo en el espacio central de tu casa e invita a la salud a entrar en tu vida.

Cosas divertidas La risa es un remedio fabuloso para la salud, así que coloca aquí cualquier cosa que te divierta. La risa es, en verdad, la mejor medicina. Vídeos de películas jocosas, actos de comediantes o de gazapos; fotos de ti mismo o de tus amistades, captadas en momentos divertidos; esas tarjetas de felicitación demasiado buenas como para tirarlas . . . todo funciona aquí. Aun cuando no se trate de algo que en verdad haga desternillarse de risa, si plasma una sonrisa en el rostro, sirve el propósito. Cosas sencillas como un ornamento de colibrí, una foto de un niño o una vieja carta de amor, son sólo unos cuantos artículos en la categoría de leve sonrisa.

> Dar a alguien un motivo para reírse es uno de los regalos más grandiosos que puedes hacer y lo extraño es que, por lo general, es gratis e inapreciable al mismo tiempo.

Amarillo, dorado y otros tonos terrosos   Los colores tierra son los colores para este espacio. La banana en la cesta de frutas y la tierra en la maceta pueden lograr mantenerte sano. Yo les llevo flores amarillas a mis amigos cuando necesitan un poco de estímulo en el departamento de Salud.

Cuadrados   El cuadrado es la forma para esta área. Pisos de losetas cuadradas, mesas cuadradas y danza de cuadrillas son todas efectivas en esta área (para ser sincera, lo de la danza de cuadrillas es una invención mía, pero no creo que dañaría).

Símbolos de la tierra   Fotos tanto de montañas como de tierras de cultivo funcionan. También lo hace un globo. A mí me gusta usar piedras o cristales naturales. Me hacen sentir sensata y en comunicación con la Madre Tierra.

Cosas horizontales o planas   Una mesa cuadrada, con su parte superior de piedra, en esta área, es una grandiosa réplica de la tierra en términos de feng shui. Tengo mi álbum cuadrado y plano de fotos de mi boda en mi mesita cuadrada en la sala, junto a una planta y a tres velas color rojizo.

Aunque no puedes obtener nada más plano que panqueques y pizzas (ya estoy oyendo a mis brutalmente honestos amigos diciéndome, al oído: "No, Karen, te equivocas, tu pecho es mucho más plano"), son simplemente demasiado temporales para que se les considere.

Fuego El elemento fuego hace tierra en el Ciclo Creativo, así que utilízalo para provecho propio. Una pequeña vela puede hacer una gran labor en esta parte de la casa. Si tu chimenea está en el medio de la casa, estás prácticamente más que protegido. Sólo asegúrate de que esté funcionando bien.

Estrellas y sol Hay elementos de fuego que funcionan especialmente bien en esta área. Puede simbolizárselos con artículos relativos al sol, tales como girasoles, relojes de sol y fotos del crepúsculo o del amanecer, y por estrellas de mar, la bandera de Estados Unidos y la Estrella de David, para los relativos a estrellas. Una copia de la película *Nace una estrella* es cuestionable, pero probablemente tiene mérito.

Objetos religiosos Y hablando de la Estrella de David, cualquier objeto religioso con el que tú te conectes funciona muy bien aquí.

Rojo Lo captaste. Si el fuego es bueno, entonces el rojo es también bueno. Velas rojas, tapetes para la mesa del comedor o alfombras pequeñas pueden ayudar a esa mesa de la que hablé. Un buen cobertor sobre el sofá también funciona. El rojo funciona de maravillas para Salud. Cada año, un amigo mío coloca una enorme bandeja de ornamentos rojos de Navidad en su mesa de la sala. Hasta que aprendí feng shui, nunca supe qué me hacía sentir tan bien cuando lo veía. Además de revigorizar el ch'i con las decoraciones propias de la época festiva, el rojo le daba a la habitación el calor y el equilibrio por el que batallaba tener durante el resto del año.

Objetos triangulares o en forma de pirámide La forma simbólica del fuego puede calentar también el sitio de Salud de la casa.

Materiales peligrosos para la Salud

Madera Madera es la fuerza destructiva que desarraiga la tierra, despojándola de sus nutrientes y del agua. Así pues, en el área de tierra de la casa, no es prudente tener cosas de madera, especialmente en forma de árboles o plantas semejantes a árboles. Inclusive esa gran planta artificial sería mejor mudarla a otra área (de preferencia el área de Familia o la de Fama) porque simboliza un árbol. Pero como dije antes, si es necesario tenerla ahí, haz algo para equilibrarla. Colócala en una gran maceta blanca (el blanco simboliza el metal) o al menos coloca papel blanco, rojo y amarillo en o debajo de la maceta, para agregar fuego y tierra. (Si a estas alturas no estás comprendiendo este Ciclo Creativo y Destructivo, vuelve y revisa el Capítulo I.)

Verde   Puesto que el verde significa madera —lo adivinaste— nada de verde. Las hojas verdes de plantas que no se asemejan a árboles son la excepción a esta regla, de manera que las plantas pequeñas pueden quedarse.

Objetos columnares o rectangulares   Al igual que los imponentes árboles de madera, las columnas altas y otros objetos altos y rectangulares no pertenecen aquí. Si estás atascado con esta situación, mitígala usando el Ciclo Destructivo para madera (blanco, redondo y demás) y mejora el elemento tierra para mayor vigor.

Escaleras en espiral   Las escaleras son por lo general un tema de temor en cualquier área, pero una escalera en espiral puede ser una pesadilla feng shui. En primer lugar, las escaleras en espiral por lo general no tienen descansillos, que en verdad incomoda al ch'i (sigue cayendo sin parar). Segundo, con su patrón en espiral el ch'i se marea y se desorienta tanto que para el momento en que llega al fondo es un desorden disfuncional. Y, finalmente, estas escaleras por lo general están hechas de metal y madera, lo cual puede entrar en conflicto con la sección de la casa en la cual están localizadas. Por ejemplo, si tienes una escalera en espiral de madera en el medio de tu casa, sería muy prudente contrarrestarla de manera para que tu salud no sufra.

En cualquier lugar en donde tengas una escalera en espiral, toma precauciones especiales para impedir que el ch'i avance en forma de tirabuzón hacia el terreno y fuera de tu vida. He aquí algunas formas de hacer eso:

1. Elimina la escalera o reemplázala. Suena costoso y probablemente lo sea. No te preocupes, hay más alternativas . . .

2. Toma un pedazo de tela o un retazo de seda verde y enróllalo alrededor del poste metálico central de la escalera, de arriba abajo (recuerda, en tanto el verde no se vea como un árbol, el verde está bien). También puedes enrollar el pasamanos. Si puedes hacerlo, ¡haz como si estuvieras plantando una enredadera! Es extraño, pero puede ser efectivo. Y si todo esto es demasiado cursi para ti . . .

3. Pinta la escalera (o, por lo menos la parte de abajo de los peldaños) del color del área del bagua en que te encuentras. También puedes utilizar los colores del Ciclo Creativo o Destructivo para tu propio provecho: una escalera blanca en espiral en el área de Familia podría pintarse de rojo (para derretirla), o negro (para alimentar la madera) o verde (simplemente para agregar más madera). Y si el pintar no figura en la ecuación . . .

4. Ilumina la escalera desde arriba para animar el ch'i, o bien oculta espejos bajo las escaleras, mirando hacia arriba, para reflejar al ch'i hacia arriba.

Los momentos desesperados exigen medidas desesperadas

Como consultora del feng shui, me encuentro con que a menudo se me llama después de que ya nada más ha funcionado. Cuando la situación llega hasta un punto de desesperación y no queda nada que perder . . . bueno, intentemos entonces algo con el viejo feng shui. Está bien, yo puedo trabajar con eso, pero, vamos, ¿por qué pasar calamidades si no tienes que hacerlo?

Unos queridos amigos míos estaban en esta situación. Se habían mudado hacía poco a una casa bellísima y nueva en el sur de California. Don y Laura tenían ambos puestos bien remunerados en ventas, lo que les permitía decorar su casa minuciosamente y en con gran belleza. Desdichadamente para Don, su

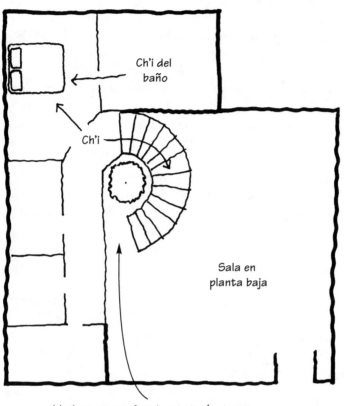

Ch'i del
baño

Ch'i

Sala en
planta baja

Madera que perfora la condición de tierra
con árbol de seda en el centro del hogar

Una receta para el desastre en el gua de Salud
ILUSTRACIÓN 43

nueva posición en la cama no había sido tan meticulosamente pensada como la nueva decoración (Ver Ilustración 43). Una puerta del baño se alineaba con el pie de la cama. La entrada de doble puerta al baño también se alineaba con el pie de la cama al lado suyo, en un ángulo de 45 grados. Justo fuera de la puerta doble hacia el dormitorio estaba una extensa escalera en espiral, justo en el medio de la casa, el área de Salud y el centro del hogar. Y para completarlo todo: un enorme árbol artificial de seda adornaba el centro de la escalera en espiral.

En menos de seis meses de vivir ahí, a Don le dio una enfermedad que le afectó las piernas, haciéndole demasiado difícil caminar. Los médicos, hasta esta fecha, no están completamente seguros de qué era lo que le afectaba. Lo hospitalizaron durante más de dos semanas, en las que se sometió a todos los análisis imaginables.

El día en que ingresó en el hospital, Laura me pidió que la visitara y viera qué podía hacer. De inmediato, colgué un cristal entre la puerta del baño y el pie de la cama (con la intención de dispersar el ch'i). Tendí una línea de cinta roja a través del marco de la puerta de la alcoba (con la intención de impedir que el ch'i fluyera por la puerta y escalera abajo). Y coloqué espejos en el armario debajo de la escalera, mirando hacia arriba, con la intención de mantener animado el ch'i. También hice una visualización de que la escalera tenía puñados de globos de helio atados al pasamanos (para mantener las cosas "animadas").

Luego, hablamos del árbol. Esta cosa era tan grande que en verdad no había otro sitio dónde colocarlo. Sugerí sacarlo, pero pude percatarme de que Laura vacilaba. Así que hice lo mejor que pude. Coloqué blanco y amarillo alrededor de la maceta, entre el cesto y la maceta, y agregué tierra de verdad a la maceta (intencionalmente, por supuesto).

Le di a ella curas "para llevar": para llevarlas al hospital en caso de que hubiera algún problema de importancia en su habitación (créanme, a menudo las hay). Luego, hice repicar mi campana tibetana para despejar energías negativas y las envié en su camino. (Ver más de la forma de despejar espacios en el Capítulo 11.)

Tan misteriosamente como Don enfermó, gradualmente empezó a recuperarse y hoy está perfectamente bien. Lo único que los médicos hicieron fue darle enormes cantidades de antibióticos durante varias semanas, en caso de que hubiera sufrido de alguna infección; y una vez que comenzó a mejorar, declararon que, de hecho, debía haber sufrido alguna infección.

Sé que algunos de ustedes se están preguntando acerca de las curaciones para llevar. Yo encuentro muy común ver trastornos de feng shui en sitios como hoteles y hospitales. Le di a

Laura algo de cinta roja, para impedir que algún ch'i se alineara con la cama de Don (tal como desde la puerta del baño); un cristal, en caso de que hubiera algún ch'i de flecha (acuérdense, no tiene que haber ángulos apuntando hacia la cama); y algo de listón rojo, para atar alrededor de las patas de la cama si era de metal y estaba en la sección de Familia del cuarto. Y finalmente, le entregué una bolsa de sal (puede usarse la sal de mesa, kosher, Epsom o de mar) de manera que ella pudiera colocar algo en un cuenco de agua bajo su cama, para absorber cualquier energía negativa (piensen en cuánta gente enferma había ocupado esa cama antes de que él llegara ahí).

Si tan sólo hubiera sabido entonces lo que sé ahora . . .

Siempre es fácil volver la vista atrás y trazar la senda hacia el desastre. Ahora yo uso el feng shui para impedirlo antes de que suceda. La siguiente historia es un poquito deprimente, pero tiene tantas buenas lecciones de feng shui que me siento obligada a incluirla, a pesar de su gravedad.

Voy a utilizar a mi amigo Gary como ejemplo de cómo un espacio vital perpetuó la enfermedad mental. Gary era un exitoso empresario, soltero, y realmente apreciaba lo más fino que el dinero pudiera comprar: alimentos, decoraciones, muebles, autos y demás. Era meticuloso con su apartamento en la playa, haciendo que una empleada pasara la aspiradora todos los días y cuidara de las plantas interiores grandes. Era sumamente generoso con su tiempo, su dinero y sus posesiones materiales. Era un excelente cocinero que se enorgullecía de conocer las últimas recetas y de cocinar con los utensilios de cocina más nuevos. Le encantaba comer. Por consejo de un médico, empezó una dieta líquida supervisada para contrarrestarle una obesidad que aumentaba cada vez más, después de una lesión debilitante en la espalda. Decidió que, puesto que antes había dejado de fumar sin más, bien podía emprender esta dieta. Así que sacó de la casa todo tipo de comida y comenzó la dieta. (Simbólicamente, quitó su prosperidad, su amor y su sustentación física.) Pensó que podría desatender los sentimientos naturales de carencia y vulnerabilidad que se originaron como consecuencia de dicha dieta. Simplemente, dio la espalda a su amor por los alimentos exquisitos y las salidas sociales.

Se mantuvo en la dieta líquida durante unos cinco meses. Perdió mucho peso, pero nunca fue el mismo de antes. Aunque yo creo que su dolencia había librado una batalla durante toda la vida para resurgir, parece que la dieta fue el elemento catalizador que lo envío de nuevo hacia las profundidades. Comenzó a hacerse paranoico, lo que lo llevó a despedir a su empleada. El apartamento comenzó a volverse muy desordenado y todas las plantas se le murieron (acumulando abigarramiento y ch'i muerto). Luego, comenzó a sufrir serios síntomas de depresión clínica. Uno de esos síntomas fue la incapacidad total de hacer cualquier cosa, aun de levantarse de la cama, hablar por teléfono o salir de la casa (un ch'i *muy* atascado). Su negocio se fue abajo. Comenzó a beber (malo para la sabiduría). A pesar de los esfuerzos de sus hijos y de unos amigos para que buscara ayuda, él se negó vehementemente. Comenzó a vender sus obras de arte colgadas en las paredes para pagar el alquiler. La paranoia empeoró hasta el punto de que colocó plástico negro sobre las ventanas (verdaderamente malo para el flujo de ch'i positivo). Puesto que no podía salir, tenía que depender de sus amistades para que le llevaran comida y otros productos básicos. El dinero comenzó a desaparecer con celeridad (al igual que a la gente, al dinero no le gusta estar cerca a situaciones deprimentes). Vendió su camión, su Jaguar y su equipo de negocios por prácticamente una bicoca, porque su temor paranoico de confrontaciones lo dejó incapaz de negociar. La ropa comenzó a apilarse junto con envases vacíos de dos litros de sodas y basura (más abigarramiento estancador de ch'i). Un día que lo visité, me dijo que no podía creer que tanto su horno microondas como el horno convencional, dos VCR y un televisor se hubieran estropeado en cuestión de una semana (resultado directo de ch'i estancado). El dinero escaseaba mucho ahora y después de trece años de vivir en su otrora bellísimo apartamento, fue desahuciado. La imagen definitiva de esta situación, en mi mente, fue ésta: plantas muertas que yacían en el piso, ahora recubierto por casi tres centímetros de polvo, el hedor de sábanas y ropas sucias, pilas de correo a la puerta, incluyendo notificaciones judiciales, y Gary, enrollado en la cama en posición fetal. Finalmente, llamamos al departamento de salud mental del condado para que interviniera.

Aunque todo esto sucedió antes de que yo enseñara feng shui, lo veo en retrospectiva con mi actual visión de feng shui y noto la espiral negativa en la que se encontraba dentro de su entorno. El simple suceso de negarse comida a sí mismo y de retirarla de la casa lo adentró en una senda que resultó en la pérdida total de todo: salud, prosperidad, reputación, relaciones, carrera, familia, personas valiosas, hijos y sabiduría. Un cambio aparentemente sencillo e inocuo de ambiente causó una catastrófica cadena de acontecimientos. Con frecuencia me pregunto cuán diferentes habrían sido las cosas si él no hubiera tirado su ch'i de sustento básico eliminando todo alimento.

Feng shui, el resuélvelotodo

Puede que te estés preguntando qué fue todo eso de los aparatos electrodomésticos de Gary que se estropearon casi al mismo tiempo. Creo que no fue coincidencia. Si el centro de tu casa es saludable, tu estéreo, tu fax, tu coche, tu computadora y tus electrodomésticos también lo serán. Dales nombres a esos objetos y trátalos como amigos. Ya sé, ya sé, suena raro, ¿pero es ésa la primera cosa que suena rara en este libro?

Tengo el peso del mundo sobre los hombros, los muslos, las caderas y el abdomen

Yo siento, personalmente, que si uno aplica el feng shui apropiadamente a todas las áreas de su casa, no tendrá problema con el peso. Pero para aquéllos que piensan que ésa es una excusa, he aquí mi curación rápida para la obesidad: coloca un espejo mirando hacia ti sobre el refrigerador. Si tu perdición es la despensa donde se albergan las megadeliciosas galletitas y los chicharrones de puerco refritos, haz lo mismo con el espejo. Vamos, despensas con espejos . . . bien podría imponerse como moda. ¿Quién sabe?

Y si tú usas consistentemente una puerta de la cocina para entrar a tu casa, o bien ocultas la cocina de la vista de alguna forma o (puede que me esté poniendo un poquito complicada aquí) *¡usa otra puerta!* Si lo primero que ves al entrar a casa son los Cheez-It y los Funyun, puede que estés propenso a ingerir grandes cantidades de calorías antes de que pienses en lo que estás haciendo. Una clienta mía que tenía esta situación instaló una cortina japonesa en el umbral hacia la cocina. Ayudó el hecho de que ella era de origen japonés, pero bien podría funcionar para ti también.

Cuarto con vista (al menos para un solo ojo)

El término feng shui *visión dividida* se refiere a una situación en la cual, cuando entras a una habitación y miras hacia adelante, un

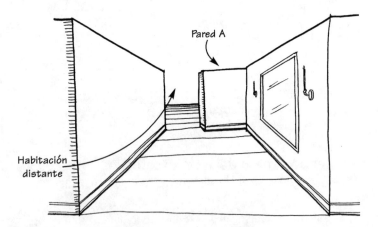

**La Pared A crea una visión dividida,
cuando ves hacia la habitación distante.
El ojo derecho se enfoca en la pared y el izquierdo en la distancia.**

ILUSTRACIÓN 44

ojo se enfoca en una pared cerrada, justo enfrente, y el otro se concentra en una pared, espacio u objeto a mayor distancia (ver Ilustración 44). Esta situación puede causar desequilibrio, que puede manifestarse de varias formas. Es un problema en cualquier parte de un hogar, no sólo en el gua de Salud.

Un cliente tuvo hace poco una visión dividida al entrar a su casa. Al preguntarle si había tenido alguna sensación de inestabilidad, desequilibrio o fatiga, me respondió: "Bueno, acabo de comenzar a consultarme con un sicólogo, porque creo que lo tengo todo y que debería de ser feliz, pero en lo profundo de mí, no lo soy. ¿Es eso posible?". Vean ustedes, la visión dividida nos hace ver dos cosas al mismo tiempo. En su caso, se mostraba como una confusión en torno a estar feliz y triste.

Las curas para esto son sencillas. Coloca en el espacio algo impactante, que atraiga totalmente tu atención (con ambos ojos) al entrar, de manera que así te enfoques en ello. Eso podría ser un bello arreglo floral, una obra de arte, un colorido pájaro en una jaula. Podrías, en realidad, colocar un objeto escandaloso enfrente de la pared que crea la visión dividida (ver Ilustración 45). Otra alternativa es la de colocar un espejo sobre la

**Agrega elementos que exijan la atención de ambos ojos,
o bien sobre o enfrente de la Pared A, o hacia la habitación
distante, para curar una visión dividida.**

ILUSTRACIÓN 45

pared más cercana, para "hacerla desaparecer", a fin de que tus ojos enfoquen a una distancia mayor.

Las bases corporales están protegidas

A estas alturas, ya conoces las otras ocho áreas de la casa y las partes del cuerpo asociadas con ellas. Pero si sufres de una dolencia que no sea de los pies, la cadera, los ojos, la boca, la cabeza, los oídos, las manos o los órganos internos, no te preocupes. El centro te tiene protegido. El cuida cualquier otra parte corporal y cualquier otra situación vital que puedas pensar que no esté cubierta por los ocho gua precedentes. Así que mejora esta área si crees que tu problema particular no se ajusta a cualesquiera de los otros guas. Acaso no es fabuloso: ¡un área de la casa para todo lo demás! Como dije antes, el feng shui beneficia cualquier problema.

Nueve damas que bailan

El 9 es el número más estrechamente asociado con esta parte del hogar. El 9 es el dígito más elevado de todos y también el mayor en humanitarismo. Si tú vives en una casa 9 estarás inclinado a contemplar pensamientos elevados (como la gran imagen de la vida) y podrás llegar hasta elevaciones otrora consideradas inalcanzables. Puesto que es también el último de los números en la alineación, el 9 está inclinado a completar cosas y a resolver viejos temas. Pero te pierdes de vista en el proceso: mantén el equilibrio y todo se sentirá como una danza sin esfuerzo alguno.

Artículos de acción inmediata para Salud

1. Coloca metal (candelabros, bandejas y cosas así) sobre cualquier mesa de madera que esté en medio de la habitación.

2. Cura una escalera en espiral que se encuentre en cualquier parte de la casa.
3. Añade mejoras sin son necesarias.

Salud en breve

Herramientas de poder: tierra, objetos hechos de tierra, fruta, cosas divertidas, amarillo, dorado, tonos terrosos, cuadrados, símbolos de la tierra, objetos horizontales o planos, fuego, estrellas y el sol, objetos religiosos, objetos rojos, triangulares o puntiagudos.

Materiales peligrosos: madera, verde, objetos columnares o rectangulares, escaleras en espiral.

Gua opuesto: ninguno

Parte corporal: todas las demás partes del cuerpo que no se hayan mencionado específicamente en otros guas

Número asociado: 9

capítulo 11

La nuestra es una casa
sumamente extraña

ste capítulo contestará algunas de las interrogantes sobre configuraciones especiales de casas que puedan presentarse al utilizar el feng shui. Al fin y al cabo, no todo el mundo vive en una casa perfectamente cuadrada o rectangular. Se discutirán diferentes situaciones que, con un poco de intuición e imaginación, pueden ajustarse a una gran cantidad de problemas.

Preguntas y curaciones más comunes

Mi casa no es cuadrada. ¿Cómo trabaja entonces el bagua?

Hay unos cuantos temas por considerar cuando se trabaja en una remodelación básica de feng shui. Las piezas que faltan son dignas de consideración. Si tienes una o más piezas que falten cuando traces el bagua sobre la casa, tienes una parte de la casa que no te está apoyando. Y si no te está apoyando, tu propia energía personal se está utilizando para compensar la diferencia. Tú te drenas y quedas débil en el área de tu vida asociada con el espacio que falta.

En la Ilustración 46, la sección de Prosperidad de la casa falta. Esto puede mostrarse en tu vida con el dinero que sale con

Pieza que falta

Pieza que falta

Casa en forma de L
ILUSTRACIÓN 46

tanta rapidez como con la que entra, o quizá como tu necesidad de trabajar de manera excesivamente ardua por cada suma de dinero que ganas. Parte del gua de Hijos y Creatividad también falta. En esta situación, quizá son tus hijos los que están drenando tu economía.

Pero no te preocupes. Hay varias formas de corregir esta situación. Sí, podrías contratar a un constructor para que haga una adición a tu casa que satisfaga la pieza que falta, pero eso probablemente conllevaría grandes gastos. Si no quieres llamar a los constructores, trata uno de los siguientes métodos.

Para completar el rincón utilizando el espacio al aire libre, coloca cuidadosamente objetos verticales u horizontales exactamente en el punto donde se encontrarían las dos paredes si la pieza no faltara (ver Ilustración 47). O puedes crear "paredes al aire libre" con objetos lineales. Distintas variaciones funcionarán para completar una pieza que falta. Recuerda, se logra añadir fuerza si se utiliza el simbolismo cuando se hace un ajuste como éste. Por ejemplo, si falta el rincón de Relaciones, una solución para el rincón exacto es un ciclamor o árbol del amor. Posee hojas en forma de corazón (por supuesto, tienes que considerar si ese árbol crece

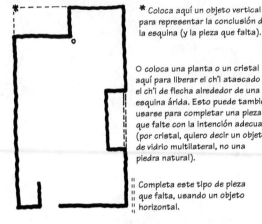

Curas para una casa en forma de L

ILUSTRACIÓN 47

en tu clima o no). Otro ejemplo: si falta el rincón de Habilidades y Conocimiento, crea un espacio al aire libre con una estatua de un Buda sentado, de Salomón o de otro personaje sabio como punto focal. Construye un patio de concreto y coloca dentro del concreto centavos de dólar con la efigie del sabio Lincoln.

Abajo están unas cuantas alternativas adicionales para arreglar piezas que falta mediante la colocación de un elemento donde debería estar el rincón de la casa.

Objetos verticales

- ⊙ árbol
- ⊙ asta de bandera
- ⊙ poste de la luz
- ⊙ arbol de mayo
- ⊙ cucaña
- ⊙ poste para tendido de ropa
- ⊙ hogar a la intemperie con chimenea (Ponle atención los elementos de éste. No es lo mejor para la sección de Creatividad.)
- ⊙ fuente con chorro de agua de aspersión en el rincón (a menos que estés completando la sección de Fama).

- chalet u otra estructura arquitectónica al aire libre
- cerca o muro
- muros de jardín
- cerca de arbustos
- escultura o recipiente de gran tamaño
- reloj de sol
- estructura para juegos infantiles

Objetos planos u horizontales

- una línea roja pintada sobre el pavimento en donde deberían estar las paredes (También puedes enterrar una cinta o un listón rojo para completar la forma.)
- piedras, ladrillos o losetas alineadas para completar la configuración
- un estanque u otro objeto acuático (mejor si es redondo, de forma tal que no haya ángulos apuntando hacia la casa)
- un cristal enterrado en el rincón (lo mismo vidrio multilateral que natural)
- foso de hoguera
- caja de arena

Para completar la esquina, utilizando el espacio interior (digamos, porque hay una piscina justo afuera, en el sitio donde debería estar tu esquina completa), utiliza la misma curación como para el ch'i de flecha. Coloca un cristal dentro de la casa, en el rincón que se incrusta en la casa (de nuevo, mira la Ilustración 47). Proponte que el cristal cure la pieza que falta. También, acuérdate asimismo de ajustar los elementos: por ejemplo, si el estanque en el ejemplo anterior está en el gua de Fama.

Si hiciste lo mejor que pudiste con las curaciones de exterior e interior y todavía sientes que tu vida está un poco fuera de equilibrio, he aquí dos sugerencias más. La primera opción es la de prestarle un poco más de atención al mismo gua que le faltante a la casa, en cada habitación. Utilizando la Ilustración 46 como un ejemplo, asegúrate de que cada habitación de la casa tenga guas fuertes de Prosperidad y Creatividad. La segunda opción es emplear la curación de "cúbrete la retaguardia" mencionada en el Capítulo I, en los mismos lugares.

Partes de mi casa se proyectan hacia la calle y están enfrente de la puerta de entrada. ¿Cómo se reviste el bagua en esta situación? ¿Sigue la "puerta del frente" todavía en algún lugar del patio?

Obtendrás diferentes respuestas de distintos consultores de feng shui acerca de este tema. Mi consejo sería comenzar en la puerta del frente, como de costumbre, y colocar el bagua sobre las partes de la casa que caen detrás de ella. Luego, dar un vistazo a cuál parte de la casa está frente a la puerta de entrada y ver si es necesario llevarla "hacia dentro" de la casa. Si es un garaje lleno de cosas inservibles, déjalo afuera. Si es el dormitorio de tus hijos, incorpóralo (ver Ilustración 48).

Sin los ajustes adecuados, cualquier espacio o habitación que esté proyectándose enfrente de la puerta del frente está fuera de los patrones principales de energía de la casa. Si es la cocina, puede que sus residentes nunca cocinen y vayan mucho a restaurantes. O peor aún, uno de los cónyuges lo hace y deja al otro solo o sola, en casa.

Si es un dormitorio infantil, el niño podría irse de la casa a una edad temprana. (Eso también trabaja en dos direcciones. Si tienes un "niño" adulto que no se va de la casa y tienes un dormitorio enfrente de la puerta del frente, múdalos ahí para colocarlo simbólicamente fuera de la casa. Quizá entienda la señal y comience a hacer las maletas.)

Si tienes una oficina en la casa, ésta puede ser la habitación que usas de manera que no te incomode tanto cuando estás en casa.

He aquí algunos de los mejores usos de espacio enfrente de la puerta del frente:

⊙ habitaciones para parientes políticos
⊙ "niño" adulto
⊙ oficina en la casa

- pasatiempos muy desordenados o cuarto para almacenamiento
- garaje
- baño

He aquí algunos usos que definitivamente no deberían encontrarse enfrente de la puerta de en frente:

- dormitorio principal
- habitación para niño pequeño
- cocina

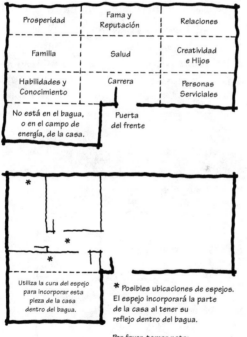

Cuando parte de tu casa está fuera de ella

ILUSTRACIÓN 48

Si tienes un cuarto enfrente de la puerta principal de la casa que necesite ser incorporado, simplemente coloca un espejo (preferiblemente en forma de bagua, pero eso no es necesario) en cualquier lugar dentro de la casa que dé la vista al cuarto "exterior" (puede haber paredes entre el espejo y este cuarto, como se ve en la Ilustración 48). Entrégale al espejo la tarea de incorporar el cuarto en tu casa, con tus intenciones.

Un enorme trozo de mi bagua cae en el apartamento vecino y estoy perfectamente seguro de que el tipo que vive ahí pensará que estoy loco si le menciono el feng shui. ¿Cómo puedo completar la pieza que me falta?

Este tipo de residencia con inquilinos múltiples puede traer como resultado energías mezcladas con las de tu vecino, si de hecho su apartamento completa el tuyo. Sin una curación de feng shui, te encontrarás que tienes que utilizar energía adicional para superar esta situación. Coloca una planta, un cristal o un carillón en la esquina de las dos paredes donde el apartamento de tu vecino se proyecta hacia el tuyo (ver Ilustración 49). Al par de curar el ch'i de flecha, esto puede curar la parte que falta. Dale una vigorosa intención de que se le está colocando ahí para superar esta condición insatisfactoria de ch'i.

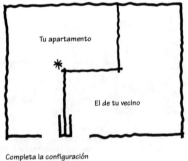

Completa la configuración
de tu apartamento y frena
el ch'i de flecha con una
✳ planta, un carillón o un cristal.

Cuando parte de tu casa cae en la de otra persona

ILUSTRACIÓN 49

¿Cuenta el cobertizo construido al costado de la casa? Sólo puedo entrar a su interior desde afuera de la casa.

Cualquier cosa adjunta a una casa que tenga un techo sólido puede afectar la energía de la casa (ver Ilustración 50). De la misma forma en que el aplicarse el maquillaje altera la apariencia del rostro, esta adición altera la energía de la casa. Toma nota sobre qué gua de la casa recae y asegúrate de que no haya nada peligroso para la esencia de esa sección en particular. Si los esquís de la familia están almacenados nítidamente en la sección de Familia, no hay problema. Si las latas de basura están almacenadas ahí, puede que te convenga rectificar esto, si los tópicos familiares son una inquietud primordial en este momento.

¿Cómo se trata un garaje u otras edificaciones no anexas dentro del lote?

Lo mismo si es la perrera o el excusado, si no está anexo al edificio en que vives, eso se considera una situación separada de feng shui (ver Ilustración 51, página 232). Coloca encima el bagua de la misma forma en que lo hiciste para la casa, comenzando por la puerta. Pero algo que deberías considerar es donde esa construcción no anexa cae si cubres el lote entero con el bagua. No sería bueno dejar el excusado en tu rincón de Prosperidad. Vamos, un inodoro es un inodoro.

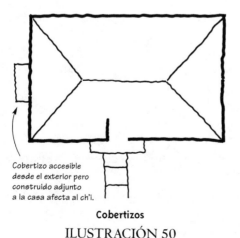

Cobertizo accesible desde el exterior pero construido adjunto a la casa afecta al ch'i.

Cobertizos

ILUSTRACIÓN 50

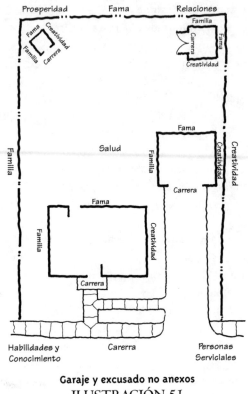

Garaje y excusado no anexos
ILUSTRACIÓN 51

Utiliza la entrada formal al lote como la puerta del frente, cuando se cubre con el bagua.

¿Cuentan los armarios como parte de la habitación?

Sí y no. Puedes utilizar un armario como un agregado a la habitación (al igual que el cobertizo mencionado antes) o como parte de ella (ver Ilustración 52). También, si tiene su propia puerta, puedes tratarlo como su propio "cuarto". Sólo alinea el bagua del armario con la puerta del armario y parte de ahí.

Tengo una sala en un nivel bajo en mi casa. ¿Afecta esto en algo?

El ch'i fluye como el agua. Eventualmente fluirá hacia la parte más baja de la casa. Si tienes un piso en un nivel bajo,

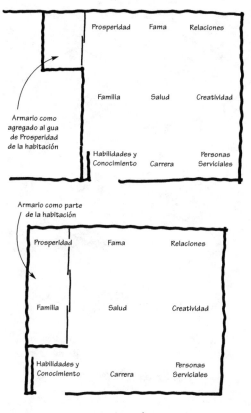

Armarios

ILUSTRACIÓN 52

equilibra el flujo colocando objetos en cualquier lugar que hagan volver arriba al ch'i: espejos, cristales, ventiladores de techo o fotos que tengan imágenes del firmamento, globos, aviones o pájaros. O mantén al ch'i agitado con mascotas, niños y otras cosas que se mueven.

Vivo en una casa de dos plantas con un sótano. ¿Tengo que hacer feng shui en todos los pisos?

Lo mejor es revisar todos los pisos de tu casa en busca de condiciones de flujo negativo de ch'i, a fin de aplicarles las curas apropiadas de feng shui. Estoy hablando aquí de cosas co-

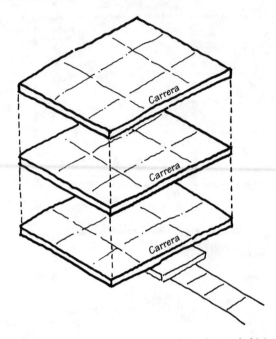

Orienta el bagua de los pisos adicionales así como lo hiciste con la planta baja, que incluye la puerta del frente.

ILUSTRACIÓN 53

mo esquinas (ch'i de flecha) apuntando hacia tu cama, vigas en el techo y camas en línea con puertas. Pero la planta baja —el piso encima del sótano, donde está ubicada la puerta del frente— es el más importante para aplicarle feng shui.

Los otros pisos deberían de reflejar las secciones del bagua en la planta baja (lo mismo directamente arriba o debajo, ver Ilustración 53). Si tu casa es totalmente singular —digamos, que la puerta está en un solo piso y que todo parte desde ahí hacia arriba— llama a un profesional o utiliza tu intuición acerca de cuál es la mejor alineación.

Mi casa está más baja que la calle. ¿Está eso bien?

Sí, lo mismo pasa con la mía. Éste es uno de esos casos de sentido común. El agua se desplaza hacia abajo. El agua de la ca-

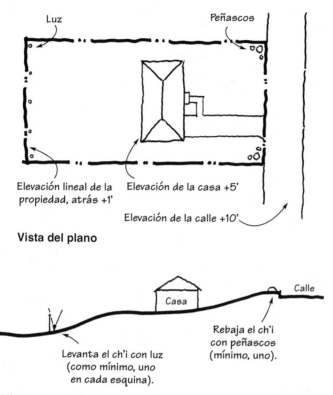

Vista del plano

Luz

Peñascos

Elevación lineal de la
propiedad, atrás +1'

Elevación de la casa +5'

Elevación de la calle +10'

Casa

Calle

Levanta el ch'i con luz
(como mínimo, uno
en cada esquina).

Rebaja el ch'i
con peñascos
(mínimo, uno).

Vista de sección

Casas que están más bajas que la calle
ILUSTRACIÓN 54

lle puede ahora drenarse hacia tu casa. Ése es un peligro potencial. Una forma de equilibrar esto es levantando simbólicamente la parte de atrás del lote y rebajando el lado adyacente a la
calle. Coloca peñascos en las esquinas del patio del frente para
apisonarlos y coloca luces "hacia arriba" en las esquinas de atrás.
O haz cualquier cosa que te parezca apropiada para tu situación
(ver Ilustración 54).

**Oí que era malo vivir en una casa ubicada al final de una calle
muy larga. ¿Hay algo de malo en eso?**

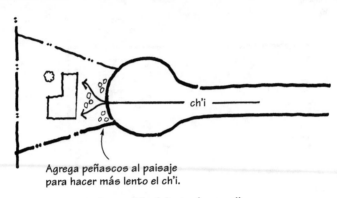

Agrega peñascos al paisaje
para hacer más lento el ch'i.

Casas al final de una larga calle
ILUSTRACIÓN 55

Si estás alineado con algo como una calle (ver Ilustración 55), puede que necesites un poco de protección. Hay varias opciones. Pinta de rojo la puerta del frente si no discrepa con la decoración de tu casa. Si tienes en ella una aldaba brillosa y con reflejo, muchísimo mejor. Oculta un espejo en una maceta cerca de la puerta del frente, mirando hacia la calle, con la intención de que refleje la calle alejándose de la casa. Finalmente, deberías colocar cosas como peñascos en el patio (quizá deberías consultar a una arquitecta de paisajes que sabe de feng shui y de otras soluciones de paisajes) para hacer más lento el ch'i, de manera que no golpee a tu casa directamente.

Mi casa está construida sobre el costado de una colina y la mayor parte de la casa está sobre pilotes. ¿Es eso un problema?

Puede que haya problemas de asentamiento y cimientos. Si sientes que la cabeza te anda por las nubes o que los pies no están sobre la tierra, trata de colocar un objeto de peso (lo mismo de peso simbólico que de peso real) en las esquinas de la casa que no estén tocando el terreno. Piedras redondas, mancuernillas o maquinaria pesada de juguete pueden todas funcionar, con la intención apropiada. Simplemente coloca los objetos en la esquina y dite a ti mismo algo así como: "Estoy ahora asentado en mis pensamientos y acciones" (ver Ilustración 56). Aquí viene

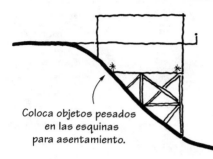

Coloca objetos pesados
en las esquinas
para asentamiento.

Casas sobre pilotes
ILUSTRACIÓN 56

una curación de asentamiento personal: coloca pequeñas rocas redondas sobre un espejo debajo de tu cama, que mire hacia arriba, en el área de la parte baja del abdomen.

Mis vecinos son detestables. Quiero tener tan poco que ver con ellos como sea posible. ¿Algún remedio para eso?

Los vecinos ofensivos pueden hacer la vida un poco difícil, para decirlo en términos caritativos. Es difícil que tu casa te acoja si te sientes invadido por el ruido, los olores, la basura o los hábitos de alguien más. Tengo dos sugerencias. La primera es investigar por qué estás permitiendo que esta persona te despoje de tu energía vital. Recuerda: la energía sigue al pensamiento. Mientras más pienses sobre ello, más estará este zoquete en tu vida. Quizá cambiando tu manera de pensar aliviarías la mayor parte de la turbulencia. Eso es más fácil decirlo que hacerlo, ya sé, pero he visto dramáticos resultados con esta técnica.

Mi segunda sugerencia sería utilizar una curación tradicional. Coloca un espejo o bien en la parte exterior de tu casa (preferiblemente oculto), mirando hacia el vecino, o en el interior, sobre una pared, siempre mirando hacia el vecino, y ponle la intención de que refleje todas las incomodidades lejos de ti (ver Ilustración 57, página 238). Si estás utilizando uno en el exterior y tienes acceso a uno de esos espejos chinos con los trigramas del *I Ching* en él, mucho que mejor (y si todavía no

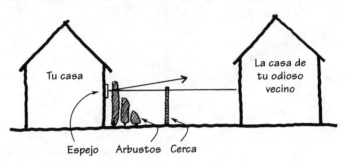

Devuélvele a tu vecino el reflejo utilizando un espejo

ILUSTRACIÓN 57

sabes qué es eso, visita el sitio Web fengshuipalace.com, para más información).

Me mudé hace poco. Por algún motivo, me dan escalofríos siempre que entro a una habitación particular de la casa. Creo que algo puede haber sucedido ahí en el pasado. ¿Hay algo que pueda yo hacer, aparte de evitar entrar en ese cuarto?

Las probabilidades son de que si se siente tenebroso, es tenebroso. Si no hay señales físicas y obvias de ch'i estancado (plantas muertas, filtraciones en el cielo raso, paredes y muebles mugrosos) puede que haya problemas en otro nivel (puede que ahí se haya escenificado un argumento y que siga merodeando, ocurrió ahí una muerte o la casa fue construida sobre un antiguo sitio de tumbas). Hasta puede que haya tuberías subterráneas de servicios, acuíferos o cables de transmisión de energía, arriba de la casa, que estén afectando el espacio.

Hay una norma de ojo de buen cubero para ayudarte a elegir la fuerza más efectiva y a usarla para despejar un espacio. Es *intensidad x duración = fuerza del ch'i.* Eso significa que el grado de dificultad para eliminar el ch'i negativo depende, en verdad, de cuánto tiempo hace que ocurrió ahí la negatividad y cuán intensa fue. La fuerza energética de una pareja que estuvo disputando durante dos meses antes de divorciarse y mudarse sería distinta de la energía de un adolescente confuso, que se suicidó en el mismo espacio. La energía de la pareja que peleaba tomó más tiempo para crearse, pero no fue tan intensa como la del suicidio.

Con cualquiera de estas situaciones, el despeje de espacios puede ser necesario. Si no sabes exactamente cuál fue en verdad el problema, puede que sea el momento de llamar a profesionales. Consultores de feng shui (y otros profesionales, tales como gaubiólogos y zahoríes, que inspeccionan casas en busca de campos electromagnéticos, pésima calidad del aire, del agua subterránea y otros objetos potencialmente peligrosos, con equipo especializado) usualmente poseen un arsenal de estrategias para manejar estas condiciones.

Lo mejor es aplicar técnicas rituales de depuración que equivalen a la fuerza que estás liberando. Por ejemplo, pasar cinco minutos con una técnica de despeje débil en la energía del adolescente muerto probablemente no vaya a liberarla. Yo aplicaría un ritual más intenso.

Hay muchos tipos de rituales efectivos para despeje de espacios disponibles que se pueden usar. Hay libros enteros dedicados al tema. Aquí está una técnica sencilla que es buena para liberar energía estancada en una habitación.

Primero, limpia la habitación. Eso incluye fregar las paredes y tocar cada superficie en la habitación que tú creas que sea necesario tocar. Luego, pela una naranja, haciendo nueve piezas de la cáscara en el proceso (pon la naranja a un lado). Coloca las cáscaras en un

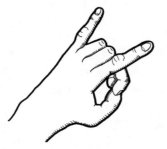

Humedece la mano en el agua con naranja y luego salpica el agua alrededor de toda la habitación, para despejar espacios.

ILUSTRACIÓN 58

plato sopero con agua fresca. Depura el cuarto salpicando la solución acuática alrededor con la mano, utilizando los dedos medio, anular y pulgar (de manera que la mano se vea como la cornamenta de un toro antes de que salpiques; ver Ilustración 58, página 239). Haz esto mientras te propones que la habitación quede libre de la energía estancada. Da gracias después de haberlo hecho.

Si eso no funcionara, yo llamaría entonces a los profesionales.

Vivo en el piso superior de un edificio de residentes múltiples. Además de eso, el techo que tengo sobre la cabeza está cargado de una serie de aparatos de aire acondicionado y otros aparatos eléctricos para el edificio. ¿Puede eso estar afectándome a mí y mi apartamento?

Sí, puede estar afectándote. Mientras más consciente estés de ello (las vibraciones del sonido cuando prenden, las sombras que caen sobre tu tragaluz, las grietas en el cielo raso) más probable es que estén haciendo bajar tu ch'i. Usa la cura del espejo, esta vez mirando hacia arriba. Proponte a que refleje toda esa basura lejos de ti. Trabaja en disfrazar una presencia física reparando las grietas y agregando un agradable sonido ambiental en tu espacio (como un objeto acuático). Investiga si hay alguna forma de mudar el objeto que está tendiendo la sombra.

Vivo en un apartamento encima de un garaje. Usted dijo que el piso de abajo es el más importante, de manera que, ¿tengo que contar el garaje como parte de mi casa?

Sí, pero trata con él de manera distinta.

En general, si tu espacio vital está directamente arriba de un garaje, debes tomar precauciones especiales. Las actuales prácticas de construcciones residenciales hacen poco para protegerte de las emanaciones y otras consecuencias negativas que ofrece el vivir encima de un garaje (como es la de ch'i entrando y saliendo rápidamente durante el día entero). Aleja la negatividad reflejándola lejos de ti mediante el uso un espejo que confronta el problema. Eso quiere decir que, en este ejemplo, se coloca mirando hacia abajo. Probablemente la mejor ubicación para el espejo es sobre el piso, bajo un mueble. Coloca el espejo en esta posición, con esa intención específica en mente, y estarás protegido.

Y al igual que el inquilino del edificio de varios apartamentos, si vives por encima de la planta baja, coloca algo en tu casa para asentarte.

Tengo una bodega para almacenamiento alquilada en otra parte lejos de mi casa. ¿Es éste un buen lugar para guardar mis cosas?

Es definitivamente mejor que vivir con ellas en tu casa. Pero sería mejor no tenerla, en ningún caso. Da un buen vistazo a las cosas que posees y pregúntate por qué estás pagando para mantenerlas contigo. He aquí unas respuestas que no tendrán sentido:

Pagué mucho por ellas.

Puede que las necesite en el futuro.

Fueron un regalo de alguien. No puedo, simplemente, deshacerme de ellas de un solo viaje.

Han estado en mi familia durante mucho tiempo.

Tengo miedo de tirar las cosas.

Puede que vuelvan a ponerse de moda.

Esas respuestas no tienen sentido porque se basan o bien en carencia, o en culpabilidad. Si procedes desde el punto de vista de la carencia, jamás te situarás en el flujo universal de las cosas y, sí, las cosas te serán difíciles de conseguir. Y si tienes sentimiento de culpa por tirar algo, estás viviendo la vida de alguien más y no la tuya propia. ¿Son estas cosas en verdad valiosas para pagar por guardarlas? Piensa en ello.

Vivo en una casa bote. ¿Puedo usar feng shui y, de poder, cómo lo hago?

Si vives en un bote, casa móvil, auto o vehículo recreacional (RV), aún puedes emplear feng shui. Sin embargo, es un poquito más complicado, de manera que mi mejor recomendación sería llamar a un profesional. Pero si aún te interesa, yo sugeriría usar tu intuición en lo referente al tendido del bagua. Los motores por lo general aterrizan en la sección de Fama, pero no siempre. Comienza por encontrar la puerta principal. Utiliza el bagua como de costumbre y ve cómo se siente.

Mi otra sugerencia es la de estar al tanto de los elementos que te rodean y equilibrarlos apropiadamente. Vivir en tanta agua en un bote o dentro de tanto metal en un RV puede desatar desequilibrios del ch'i. Utiliza los Ciclos Creativo y Destructivo descritos en el Capítulo I para retornar al equilibrio.

Si vives en una caja, carpa, gruta o casa arbórea, prosigue como de costumbre con la apertura de la puerta principal, y procede a partir de ahí.

capítulo 12

Fortalece el feng shui . . . añadiendo más poder a tus curaciones de feng shui

Ha llegado finalmente el momento de compartir los secretos de cómo reforzar el volumen de tu feng shui. Una vez que logras dominar la forma de esparcir este polvo de hadas en tu casa, ¡verás con cuánta rapidez tu vida puede, realmente, cambiar!

OK, ya he movido las cosas — Nivel de volumen 3

Antes que todo, al colocar los objetos físicos apropiados en el lugar preciso de tu casa, estás en la senda hacia el logro del éxito. Digamos que, a este ritmo, tu perilla de potencia de feng shui de 10 niveles está subida a aproximadamente al nivel 3. Si eso está funcionando bien para ti, sigue en ello, por lo que más quieras. Alguna gente sólo puede absorber una cierta cantidad de cambio en un momento dado y tiene que moverse a un ritmo lento. O quizá tú sólo has cambiado unas cuantas cosas en tu casa a manera de experimento, para ver cómo van las cosas. Fantástico. Como dije antes, si no está roto, no lo arregles. Confía en que harás exactamente lo que necesitas hacer. Pero si quieres reforzar el feng shui a un nivel más alto, hay varias cosas no físicas que puedes hacer. La utilización de estos métodos incrementa la potencia de tu feng shui y disminuye el tiempo que necesitas para lograr resultados. ¿Estás listo para ir a velocidad próxima a la de la luz?

Antes de que sepamos cómo reforzar el feng shui, por favor toma nota de que, a fin de que te traslades del Punto A al Punto B en la vida, algunas cosas tienen que moverse. Acuérdate de que aquí estamos hablando de hacer cambios. Algunos de esos cambios pueden parecer negativos, pero te lo diré de nuevo: el universo no comete errores. Puede que luzca caótico por un tiempo, si es que no te agrada el cambio, pero ten fe, pues la energía que tú has dedicado hacia tus nuevas metas hará que las cosas sucedan. Si dijiste que deseabas un cambio de carrera, no te sorprendas si pierdes tu empleo. Si dijiste que querías llevarte mejor con tus padres, no te quedes pasmado si libras una enorme pelea con ellos que los agota a todos al punto de acceder a ver a un consejero. Tu percepción de que estas cosas no son buenas es sólo eso: percepción. Las cosas son lo que son y en realidad no hay nada bueno o malo en ellas hasta que no les asignamos una percepción. Mantén tu foco en el panorama amplio y cuando se den esas cosas negativas, aprécialas como una confirmación de que estás en la senda hacia obtener lo que quieres.

La energía sigue al pensamiento. Así que, donde sea que vaya la intención, la energía fluye.

Feng shui invisible

De la misma forma en que estamos compuestos de un cuerpo físico y una mente no física, el feng shui se compone de cambios físicos (mudando tus cosas) y de cambios en la mente (con intención). Si piensas en crear los cambios vitales que deseas como en algo semejante a pedir una comida en un restaurante, vas a entender mejor lo que te digo. Imagínate un restaurante bien provisto con los ingredientes más finos, y tú te encuentras en el comedor, con deseos de comer y dispuesto a ordenar. El camarero se aproxima y dice que no hay menús porque allí pueden hacer cualquier cosa . . . cualquier cosa. Te corresponde a ti pensar exactamente en lo que quieres. Tú debes tener muy en claro qué es lo que quieres comer (de la misma forma en que debes ser sumamente claro en qué deseas de la vida).

Ahora, tú te imaginas la mejor comida posible y luego simplemente haces tu pedido. El camarero se marcha para comunicarle la orden al *chef*. Tú te sientas ahí y esperas. Ésa es una forma de hacer un pedido. Pero desdichadamente, está limitada por tus experiencias anteriores en restaurantes y tu conocimiento de los alimentos.

Otra forma es describir el gusto que querrías que tuvieran los alimentos y permitirle al *chef* que seleccione los ingredientes que él crea lograrán esa sensación. Tú le dejas las papilas gustativas en las manos del *chef*. Puede que él use ingredientes de los que tú jamás has oído o nunca antes has degustado.

Tal como en la anterior analogía, hay dos maneras de pedir. Si es algo específico lo que tú quieres, órdenalo. Si no, piensa en la forma en que quieres sentirte y estar viviendo en el futuro. Descríbela y deja que los *chefs* del universo la cocinen para ti. Si se lo estás dejando a los *chefs*, yo le agregaría cláusulas de "cubre tu retaguardia" a tu pedido, tales como: "Me gustaría lo *perfecto* para mí (lo que se te ocurra)" o "Me gustaría algo (lo que sea) *o algo mejor*". Eso podría ayudarte a conseguir los mejores resultados posibles.

La cantidad de energía que tú dedicas en las visualizaciones, afirmaciones y meditaciones es directamente proporcional a los resultados. Si estás disperso en tus pensamientos o no sientes que puedes hacer los cambios necesarios para equilibrar los objetos negativos en la casa, valdría la pena llamar a un profesional o usar la visualización del capítulo de Personas Serviciales de este libro.

Añadiendo Personas Serviciales a tu poder — Nivel de volumen 5

Si en verdad deseas que las cosas comiencen a moverse, haz que gente poderosa te ayude. Imagínate esto:

Párate en el centro de tu casa con la vista hacia la sección de Fama. Luego, imagínate a alguna gente valiosa de pie, detrás de ti (sobre tu hombro derecho) en el rincón de Personas Serviciales. Ahora bien, esta otra gente puede ser cualquier persona que tú consideres sabia y que te pueda rendir un servicio. Pueden ser personalidades religiosas como Jesús o Buda, ángeles guardianes, o tu abuela, que puede haber o no pasado a mejor vida. Tú puedes hasta usarme como una de ellas si lo deseas (la foto está en la contraportada), puesto que estoy tratando de explicarte esta sabiduría en este libro. El motivo por el que estás haciendo esto es para atraer su poder, a fin de que te ayuden a darle intención a tu nueva vida. Una vez hayas reunido tu equipo, puedes ponerte a reforzar el feng shui sabiendo que, en tanto recurras en busca de su ayuda, ellas, de hecho, responderán.

La realidad golpea, si la dejas — Nivel de volumen 7

Refuerza el feng shui aún más, utilizando visualización e intención. Esos esquiadores olímpicos de estilo libre y los clavadistas conocen el valor de visualizar un resultado exitoso antes de competir. Ellos entrenan la mente para ver sólo el éxito, reproduciendo sus giros y clavados en la mente hasta creer que pueden hacerlo y, de hecho, sienten como si ya lo hubieran hecho. Tiger Woods dijo que soñó con ganar el Masters desde que era chico. Eso son aproximadamente veinte años de visualizar, y su vida se alineó de la manera perfecta para que él tuviera éxito. Él estaba haciendo que su futuro fuera exactamente como él había pensado que sería. De manera que, ¡atento a lo que piensas!

Cuando hagas cambios en tu casa, visualiza lo que deseas tener o ser en el futuro. Si estás buscando la pareja perfecta en la vida, cuando hagas ajustes al rincón de Relaciones visualízate ya como parte de esa perfecta relación. Acostúmbrate a soñar despierto hasta que te sientas que estás cruzando hacia un sitio en tu mente en donde sientas, de hecho, como si ya fuera cierto. Mientras más puedas hacerlo sentirse como el presente, más presente será. Escuché a Jim Carrey decir, en una entrevista, que él solía subir a las colinas de Hollywood, sentarse ahí con la vista puesta en el valle y soñar despierto en recibir 10 millones de dólares por servicios de actuación. Él dijo que no se marchaba de la colina hasta que él creía, en realidad, que era cierto. Para hacerlo aún más real, se escribió a sí mismo un cheque por 10 millones de dólares y escribió "servicios de actuación prestados" en la porción del cheque correspondiente al memorando. El cheque era su ajuste físico para recordarse su meta. ¡Él llevaba consigo la cura feng shui en su billetera! Yo no creo que fuera coincidencia que al cabo del tiempo recibera un cheque por exactamente 10 millones de dólares por servicios de actuación en un contrato para una película. Cómo se habría escrito la historia sobre él, si todos los días él hubiera tomado la decisión de decirse a sí mismo: "Nunca me voy a ganar la vida como actor. ¿A quién le estoy tomando el pelo?"

¿Qué tipo de visualización deberías hacer? En realidad no hay una respuesta específica, porque todo el mundo ve los resultados exitosos de manera diferente. Pero si tú sabes que quieres cambiar algo en tu vida, tú probablemente ya has visualizado cómo quieres que sea diferente. Simplemente entra en contacto con esa imagen o idea, siéntate tranquilamente con ella, y agrégale potencia, completando cualquier detalle que falte. Si es dinero, escribe la cifra e imagínate a ti mismo usándola. Si es tener tu arte en exhibición en una galería, imagínate disfrutando del champán que se está sirviendo en la inauguración. Pinta esa imagen en la mente una y otra vez. Cambia las cosas si es que se te ocurren mejores ideas. Simplemente mantén el pensamiento vigoroso en la mente. Habitúate a ir consistentemente a ese lugar en donde el futuro es real, y le darás aún más potencia.

Cuando hagas ajustes a tu casa, concéntrate en realidad en por qué estás colocando un objeto en un lugar. Y cada vez que veas el objeto, éste te conjurará esa futura imagen en la mente de nuevo. Puede que lleve un poco de práctica, pero definitivamente reforzará el feng shui. Yo diría que a una potencia de aproximadamente 7.

Palabras mágicas — Nivel de volumen 10

Otro secreto para reforzar el feng shui es decirlo en voz alta. Afirma cualquier cosa que desees cambiar en tu vida. Así como has visualizado el cambio en la mente, dilo con tus propias palabras, como si ya hubiera cambiado. En *Lo que el viento se llevó* Scarlett O'Hara demostró eso muy bien, al vocalizar su promesa al espacio alrededor suyo y a la tierra en que tenía la mano, de que ella jamás pasaría hambre de nuevo. Y acuérdate, cualquier cosa es posible, de manera que sólo estás limitado por la imaginación. Las palabras están llenas de poder: el poder de cambiar tu futuro.

Así, cuando cambias las cosas en tu casa para obtener resultados, imagínate el resultado que quieres y decláralo en voz alta como si ya se hubiera obtenido. Una buena forma de hacer esto es la de dar gracias, de hecho, por el cambio como si ya se hubiera dado. Di: "Gracias por el dinero para comprar la casa nueva", cuando coloques esa casita verde de Monopolio en tu rincón de Prosperidad. Y si se trata de un estado de bienestar personal, comienza con un: "Soy o Estoy", como si ya fueras o estuvieras de esa forma. "Estoy en la relación perfecta con la pareja perfecta para mí". Tómate un tiempo para enunciar tus afirmaciones. Ese tiempo está bien invertido. Utiliza adjetivos para pintar mejor la imagen. Diciendo: "Los compartimentos de mi mochila están totalmente atorados con dinero en efectivo y todo tipo de cheques grandes hechos a mi nombre", crea una imagen más clara que: "Tengo mucho dinero". Ambas funcionan, pero en vista de que la primera te hace visualizar, estás agregándole más pensamiento a ella y, por consecuencia, dándole más potencia.

Algunas claves importantes para afirmaciones efectivas:

- Di "Soy", en lugar de "Quiero" o "Querré" (porque si tú dices "quiero", el universo te mantendrá queriendo).
- Da gracias como si ya hubiera sucedido.
- Utiliza adjetivos que pinten una imagen más clara.

He aquí algunas afirmaciones genéricas para cada área del bagua. Puedes utilizarlas tal como se anotan o apoyarte en ellas para cimentar tu propia imagen, agregando tus adjetivos que tengan significado personal para ti.

Familia
Me siento fabulosamente bien y gozo de perfecta salud.
Disfruto de mis relaciones familiares.
Encuentro vigor en mi flexibilidad con otros.
La gente siempre me trata como si yo fuera parte de su familia.

Prosperidad
El dinero me encuentra con facilidad, ahora y siempre.
Siempre tengo suficiente dinero.
En la medida que doy a otros, así recibo.

Fama
Me respetan en el mundo.
Se me conoce por mi talento y mis habilidades.

Relaciones
Estoy en la perfecta relación amorosa e íntima.
Me acepto incondicionalmente y me amo y honro a mí mismo.
Amo a todo el mundo y recibo amor de parte de todos los demás.

Creatividad
Encuentro placer en mi habilidad de expresar mi creatividad.

Hay un suministro interminable de talento creativo en mi interior y soy capaz de aprovecharlo en cualquier momento que lo deseo.

Estoy en perfecta armonía y equilibrio con mis hijos.

Personas serviciales

Siempre estoy en el lugar preciso en el momento adecuado.

La gente siempre está disponible para ayudarme cuando la necesito.

La gente siempre me trata con justicia y honradez.

Carrera

Ahora estoy viviendo mi verdadera vocación.

Estoy ahora en el flujo de mi destino.

Ahora vivo la vida perfecta para mí.

El universo conoce ahora mis sueños y los está haciendo realidad.

Habilidades y Conocimiento

Soy una persona sabia en todas las situaciones.

El genio dentro de mí está ahora disponible y estoy en contacto con la sabiduría universal.

Salud

Me siento sumamente bien y gozo de perfecta salud.

Estoy centrado, asentado, saludable y en paz con todo.

Estoy en armonía y encuentro placer en mi propio poder.

Todos los días recibo sorpresas agradables.

Si no deseas enunciar una afirmación, puedes dar poder con tus palabras diciendo lo que los monjes tibetanos llaman las seis palabras verdaderas. Las palabras son *om ma ni pad me hum.*

Hay una larga historia sobre lo que significan y por qué se usan, pero funcionan aún cuando tú sepas todo eso (es como cuando en inglés se dice: "*¡Gesundheit!*" al estornudar alguien; ¿qué rayos quiere decir eso?). Di esas palabras en voz alta (y yo recomendaría decirlas nueve veces) después de visualizar tus resultados en cada área del bagua. No es necesaria ninguna conversión religiosa.

Habla y camina como un experto —
Nivel de volumen 12

Si haces las visualizaciones y afirmaciones en un orden específico, puedes agregar todavía un nivel más de poder. En términos de feng shui, se llama *trazando las nueve estrellas* (cada "estrella" es una de las áreas del bagua). Emplear todas las técnicas anteriormente mencionadas en tus curaciones incrementará exponencialmente el poder de tu feng shui a aproximadamente un nivel 12 en tu perilla de 10 niveles.

Comienza en el gua de Familia; camina hasta allí, párate tocando quizá uno de los objetos que colocaste ahí, y luego haz las visualizaciones y afirmaciones. Continúa haciendo lo mismo en todas las otras áreas. Sigue este orden: (1) Familia, (2) Prosperidad, (3) Salud, (4) Personas Serviciales, (5) Creatividad, (6) Habilidades y Conocimiento, (7) Fama, (8) Carrera, (9) Relaciones (ver Ilustración 59).

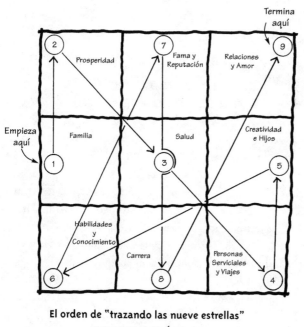

El orden de "trazando las nueve estrellas"
ILUSTRACIÓN 59

No te preocupes si a tu paso te encuentras con muros prohibitivos y tú entras en un gua fuera de orden en tu paso hacia el correcto. Funcionará, en cualquier caso.

Cuándo se debe llamar a los profesionales

Puesto que este libro está confinado a describir los principios realmente básicos del feng shui, puede que en ciertas circunstancias sea en tu mejor interés buscar la asesoría y el consejo de un profesional de feng shui. Las condiciones extremas de salud física y mental, las situaciones físicamente peligrosas y los casos de espanto es mejor dejárselos a profesionales.

Hay varios estilos de feng shui. Asegúrate de que te sientes cómodo con el estilo que el profesional utiliza. Cuando le entrevistes, pregúntale qué estilo practica.

Si tienes tu casa montada con base en este libro y te gustaría encontrar a alguien que lo practique como este estilo, yo recomendaría un practicante del estilo de la Secta del Sombrero Negro. Ése es el estilo en el que se me entrenó originalmente.

Está bien, ya moví mis cosas . . . ¿Ha cambiado ya mi vida?

Deseaba tanto que esta nota final alcanzara su objetivo con la fuerza que se merece. La respuesta a la interrogante anterior es indudablemente que sí. Tu vida ha cambiado porque tú has *deseado* que cambie. Todo lo que tú haces afecta tu futuro, así que con sólo leer este libro (aun sin haber movido tus cosas) ya te has propulsado sutilmente hacia adelante en el camino en una dirección levemente distinta. Cuando tú proyectes ese leve cambio de rumbo muy hacia el futuro, obviamente llegarás a un sitio que está muy lejano de la original encrucijada en el camino. Mientras más te propongas hacer el cambio, más lejos estarás de tu antigua ruta.

El hecho que los seres humanos gozan de libre albedrío es un ingrediente esencial para que el feng shui trabaje. En vista de que el futuro puede cambiarse y este cambio es guiado por los pensamientos, podemos descubrir maneras de usar el poder universal para crear nuestra visión del futuro perfecto. Eso puede incluir una relación amorosa, la riqueza material o una serie de asombrosos eventos y circunstancias. Tu intención importa debido a la energía que está constantemente atrayendo hacia ti. Si te das cuenta, quienes constantemente se lamentan de lo negativo están, a menudo, rodeados por ello. Y quienes siempre parecen ver lo bueno en las cosas se encuentran con frecuencia a sí mismos en situaciones más agradables. Y no olvidemos a los ambivalentes que están por ahí, quienes no se concentran en nada en particular y se preguntan por qué en su vida nunca sucede nada de lo que valga la pena hablar. ¡Ellos probablemente no reconocerían la senda de su vida aunque tuviera un rótulo de neón apuntando hacia ella! Tus pensamientos son de gran importancia e *importan*. ¿Te has percatado del término *importan*? Tus pensamientos crean esa importancia. Es esa importancia la que estás tratando de generar y de cambiar con el feng shui. Los pensamientos controlan la materia, por lo tanto tus intenciones son un ingrediente clave en el feng shui. Dale a algo sin consecuencia una intención y su importancia cambiará. Las leyes comunes de la física han demostrado esto. Tú afectas aun aquellas cosas por las que pasas raudo sin prestarles la más leve atención. Así que imagínate qué sucede si, de hecho, les das esa atención. Toma control de tu vida, evaluando las cosas que están funcionando para ti ahora y las cosas que necesitas mejorar a fin de que sí funcionen. Encuentra una fuente de amor en el interior, sácala a la luz y guíala hacia pensamientos más elevados.

Como a almas que desempeñan por un tiempo el papel de humanos en este planeta, se nos ha dado un regalo que nos permite cambiar de ruta en el mismo instante en que elegimos cambiar nuestra mente: es el regalo del libre albedrío. Es el obsequio más asombroso, porque no nos ata nada más que nuestra propia imaginación.

Con frecuencia he descrito la senda que me llevó hacia donde estoy, como una senda bastante escabrosa y repleta de penurias. Pero tomo la responsabilidad por haber escogido ver la senda de esa manera. La verdad es que se trató meramente de sucesos. Les agregué la percepción negativa a ellos con mi propio libre albedrío. Y no obstante, como todo el mundo dice siempre, si esos acontecimientos no hubieran sucedido, yo no sería quien soy . . . de manera que tampoco quisiera cambiar nada.

Si debes hacerlo, observa todo tu pasado simplemente como una gran lección para cimentar tu carácter. Ahora que sabes cómo cambiar tu vida futura mediante el simple traslado de cosas y la intención sobre tu futuro definitivo para que así sea, mira a tu futuro como un gran capítulo aún no escrito lleno de todo lo que tú puedas pensar . . . *y toma responsabilidad por ello.*

Así que, acuérdate: sé cauteloso y manténte siempre al tanto de lo que estás pensando . . . ¡y disfruta de una vida fabulosa!

Si quisieras más información sobre feng shui,
o productos que se usan para curaciones
—o para expresar tus comentarios sobre este libro—
por favor, visita mi sitio Web:

http://www.fengshuipalace.com

Printed in the United States
By Bookmasters